JN190247

DIY葬儀

How to do a funeral by yourself

ハンドブック

DIY葬儀

How to do a funeral by yourself

ハンドブック

DIY葬儀

How to do a funeral by yourself

ハンドブック

駒草出版

はじめに

　本書を手に取る人は、「葬儀にどれぐらいお金がかかるかわからない」という不安を持っていらっしゃるでしょう。そのうえ、できることなら安く簡便に、明朗会計で葬儀をすませたいとも考えているのではないでしょうか。本書には、まさにその答えを記してあります。

　本書の提唱する DIY 葬儀とは、自らで、ご遺体の処置、安置、搬送、火葬場の予約、行うのであれば、通夜、告別式、さらには納骨まですませることです。それらにかかる金額、具体的な方法も解説してあります。

　また、すべてを自分の手で行うのは、かなり大変かもしれません。そのときは、安置や搬送といった一部をプロの手を借りることも可能です。

　本書には臨終前から納骨までのプロの手順が掲載されています。通常の葬儀を考えている方にも、葬儀の金額交渉で役立ちます。旧来のお仕着せの葬儀ではなく、新しい葬儀を自分の手で作り出してみてください。

［ 金銭面の問題 ］と［ 知識不足 ］

本書で不安を解消して
3つのスタイルから葬儀を考えてみては❓

1

葬儀の知識を深めて
葬儀社と交渉
──従来通りのお葬式を行う──

2

一部をプロに依頼。
追加料金を出さない
──ハードルの高い部分を業者にまかせる──

3

すべてを個人で行う
DoItYourself葬儀
──最安の場合、約3万円で葬儀が可能になる──

葬儀の流れを知って、
納得のお見送りを!!　➡

事前の準備

棺・壺の購入と選び方
健保から支払われる補助金
DIY葬儀のための心構え など

→ **P26** ～

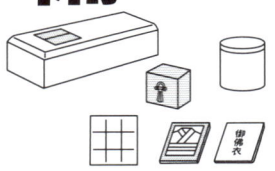

臨終時の手続き

かかりつけ医がいる・いない
老人ホームなどの施設での臨終
不慮の事故などによる死亡 など

→ **P40** ～

遺体の搬送

臨終場所による搬送方法の違い
搬送時にあると便利なもの
搬送時におけるプロのテクニック など

→ **P56** ～

遺体の安置

自宅安置の方法
エンゼルメイクや遺体の着せ替え方
ドライアイスの置き方 など
→ **P76** 〜

火葬場での心得

火葬場到着後の流れ
棺に入れていいものダメなもの
収骨 など
→ **P94** 〜

遺骨の供養

お墓への納骨
散骨・樹木葬とは
手元供養とは など
→ **P108** 〜

Contents

序章 最近の葬儀事情 013

第1章 事前の準備 025

第2章 臨終 039

第3章 遺体搬送 055

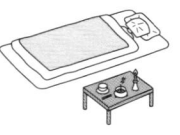

| 第4章 | 遺体安置 | 075 |

第7章 僧侶・法要 129

第8章 通夜・告別式 139

終章 157

本書の使い方

本書は、「すべてを自分で! for DIY 葬儀」「葬儀社活用時の知識」「プロから学ぶ葬儀のノウハウ」の 3 つのパートで構成しています。DIY にそのまま活用することもできますし、喪主になったときや葬儀に参列するときなどにも役立つ知識も紹介しています。

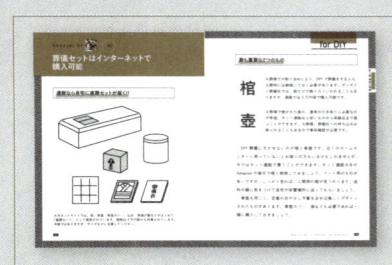

このマークのあるページ

すべてを自分で!
for DIY 葬儀

身近な人を自らの手で送り出したい! そんな方のために、葬儀に必要なことの数々を紹介します

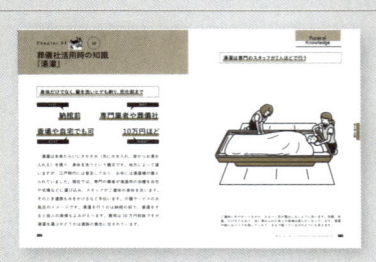

このマークのあるページ

DIYにも使える
葬儀社活用時の知識

葬儀に関する知識を掲載。葬儀社と交渉時にも役立ちますし、DIY葬儀を進めるときの一助にも!

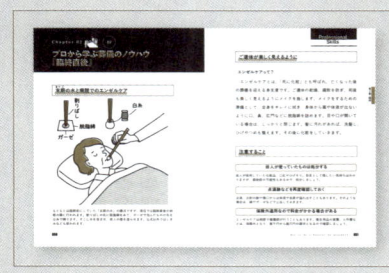

このマークのあるページ

プロから学ぶ
葬儀のノウハウ

葬儀のプロが知っている、遺体を扱う特殊な技術などを掲載。DIY葬儀を進めるときのヒントに

序章　最近の葬儀事情

DIY葬儀、その前に！
最近のお葬式の傾向について
チェックしておきます

世相を反映する葬儀形態

半数近くが家族葬を選択だが、直葬も増えている

「葬儀」と聞いて、多くの人が思い浮かべる場所は専門の式場、ひと世代前の方なら、白黒の幕が張られた自宅かもしれません。

まずは、葬儀にどんな種類があり、どんな場所でどのように行われるかを知っておき、DIY葬儀にはどれがふさわしいかを考えてみましょう。現代の葬儀は、一般葬、家族葬、一日葬、直葬と分かれています。

一般葬は、30年ほど前まで会葬（参列）者が40名〜100名ほどの葬儀のことを指していました。しかし、現在では、会葬者が30名ほどのことも多くなっています。ひと昔前までの一般葬は自宅で行われることが多く、遺族、親戚、故人の友人以外に近隣の人や会社の人なども参列していました。ここ10年ほどは、会葬者が100名以上になる大規模な一般葬は、個人で行うものではなく、法人の社葬などがほとんどを占めます。

データによれば、故人、遺族の意志により、家族葬を選ばれる方が4割以上となっています。

　家族葬という言葉は、1990年代に「家族のみで行う小規模な葬儀」といった意味で使われ始めました。現在では30名以下の会葬者を想定したものを総称しています。

　家族葬という名前から、参列できるのは、血縁関係のある近親者のみと誤解されることもありますが、親しい友人や故人がお世話になった方も含めるのが通例です。

　一日葬は、本来通夜、告別式と二日間かけて行う葬儀の通夜を省略したものです。それ以外は一般的な葬儀と変わりません。

　直葬は、通夜、告別式もなく、火葬のみを行います。近年、増えていますが、その理由としては、高齢で亡くなられると、近親、友人もすでにこの世を去っていること、それに加えコストの低さが挙げられます。

2017年、東京都の葬儀形態比率

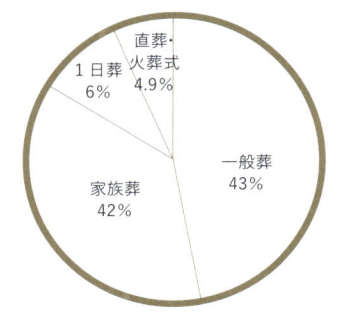

直葬・火葬式 4.9%
1日葬 6%
家族葬 42%
一般葬 43%

以降、葬儀を
個別に見ていこう

全体の4割以上を占めるのは家族葬です。ここ10年ほどで、一般葬が減少しています。一日葬を選ぶ人は6%以下とそれほど主流ではありません。ひとつの葬儀の単価は下がっていますが、冠婚葬祭業自体は右肩上がりです。

いい葬儀「第3回お葬式に関する全国調査」より
（上記のほかに、その他の形態が4.1%あります）

一般葬

多くの人で故人を見送れるが、遺族の負担は大きくなる

参列者が多く、近年は遺族に敬遠されがち

葬儀にかかる費用	60万円〜300万円
会葬者の規模	30名以上
香典による収入	30万円〜100万円超
葬儀を行う場所	式場
お別れの場所	通夜、告別式
喪主側の負担	香典により補填される

　一般葬とは近親者だけではなく、故人が生前に付き合いのあった友人、仕事関係者、趣味の仲間、近隣の人なども参列する葬儀のことです。

　生前、故人に関わったみなさんでお見送りできるのが最大のメリットとなります。また、かかる費用が大きく見えますが、

香典収入があることで、葬儀の規模や内容によっては負担なしで行うことも可能です。

故人の訃報連絡が大変ですが、すべて自分で行うわけではなく、雑事などは葬儀社の手を借りることもできます。

大切な人を亡くした大変な時期ですが、通夜、告別式の受付の手配をしたり、喪主の挨拶などやるべきことは多くあります。それらも葬儀社がバックアップしてくれます。式の後には、香典返しや御礼の手紙などを参列者にお送りするのもマナーです。大きな葬儀は面倒に思われる方もいらっしゃいますが、故人の人望、人柄を知ることができ、心置きなく送り出すことができます。

たくさん人を呼べば費用の自己負担がなくなる

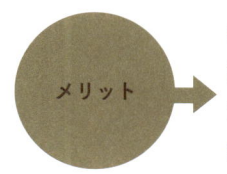

故人に関わった多くの人で見送ることができる
葬儀の規模によって費用負担が軽くなる
100人、200人規模では自己負担がなくなることも
雑務には葬儀社のバックアップがある

費用面で大きな負担がかかる(ように見える)
多くの人に連絡するなどの面倒さがある
マナーが求められる

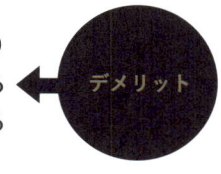

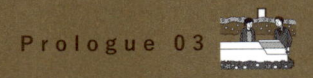

家族葬

親族、知人のみの参列で気遣いが少なくてすむ

葬儀費用がすべて自己負担になり重い

葬儀にかかる費用	60万円〜150万円
会葬者の規模	10名〜30名
香典による収入	数万円〜50万円
葬儀を行う場所	式場・自宅
お別れの場所	通夜、告別式
喪主側の負担	ほとんどが自己資金

　家族葬の場合、参列者が心ある親族、知人だけですから、他人に気遣いをすることなく葬儀を行えます。家族葬という言葉が使われる前は「密葬」とも呼ばれていました。現在では「密葬」は、「社葬」や「お別れの会」などを行う社会的な地位のある方の小規模な葬儀を指し示すようになっています。混同し

ないようにしましょう。

　小規模なので香典による費用の軽減はあまり考えないほうが
いいでしょう。ほとんど自己資金で葬儀を行うことになるので、
「一般葬」より、費用がかかってしまう場合もあります。

　メリットも多い家族葬ですが、大切なことは亡くなったとい
う連絡をどこまでにするかをしっかりと決めておくことです。
後々、友人や遠い親戚が「なぜ葬儀に呼ばなかったのか」と苦
情をいってきたり、「せめてお墓参りだけでも」と何度も連絡
をしてくるという負担が葬儀後の遺族に降りかかることがあり
ます。

葬儀に参列できなかった人への対応が必要になる

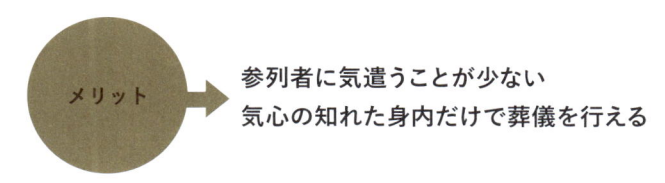

メリット → 参列者に気遣うことが少ない
気心の知れた身内だけで葬儀を行える

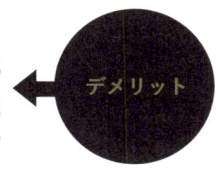

香典による負担軽減が少なく、
ほぼ自己資金となる
後々、葬儀に参列できなかった人と
トラブルになる可能性も　← デメリット

一日葬

葬儀にかける時間が短く精神的負担も軽減

お別れの時間を事前に葬儀社に相談すべき

葬儀にかかる費用	50万円〜150万円
会葬者の規模	10名以上
香典による収入	数万円〜50万円超の場合も
葬儀を行う場所	式場・自宅
お別れの場所	通夜もしくは告別式
喪主側の負担	ほとんどが自己資金

　一日葬とは、一般的に2日間かけて通夜、告別式を行うところ、通夜を省略し、告別式のみ（もしくはお通夜のみ）の1日で終わらせてしまう葬儀形式です。通夜がないこと以外は家族葬と変わりません。ただ、形式が簡単に思えるのか、一日葬は、直葬とともに近年、選ぶ方が増加しています。

　費用面では、お通夜の食事代などが軽減はされますが、せいぜい5万円から10万円ほどです。

　本来2日間かかる葬儀を1日に短縮するので、遺族側、葬儀社側もやることが多く忙しくなってしまいがちです。お別れが告別式のみになるので、会葬者が見込みよりかなり多くなる可能性もあります。また、直葬を考えていた遺族が「やはり式をやりたい」と一日葬にするパターンも見られます。

　告別式の後すぐに火葬場に行くことになるので、お別れの際にご遺体と対面する時間が短くなる場合もあります。葬儀社に時間の調節をリクエストしておくとスムーズです。

精神的負担も少なく増えてきている

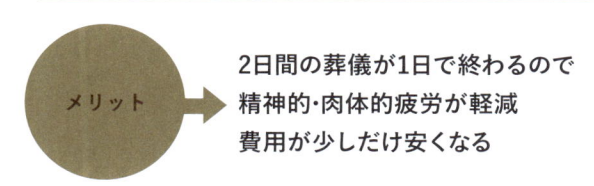

メリット → 2日間の葬儀が1日で終わるので
精神的・肉体的疲労が軽減
費用が少しだけ安くなる

式の時間は半減するが予算はあまり変わらない
ご遺体との対面時間が短くなる可能性も
行事を詰め込むので忙しい
会葬者の数を確認しないと葬儀社に迷惑も……

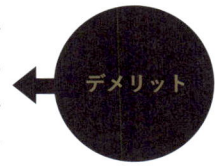

デメリット

直葬

DIY葬儀を考えるなら直葬を選択

費用は安いが、お別れの時間が少ない

葬儀にかかる費用	15万円～30万円
会葬者の規模	10名以下
香典による収入	0万円
葬儀を行う場所	自宅・安置所・火葬場
お別れの場所	自宅・火葬場
喪主側の負担	すべて自己資金 （自治体などから補助あり）

　亡くなった場所、例えば病院などから自宅や安置所にご遺体を運び込み、24時間以上経過した後に火葬場に直行するプランです。一緒に火葬場に行ける人数は限られるので、遺族、近親者のみで故人を見送ることになります。参列者は10名以下のことがほとんどです。

　現在の直葬では自宅にご遺体を安置することもあまりありません。葬儀社などが持つ安置所から直接火葬場に行くため、故人とのお別れの時間は少なくなります。ただし、炉の前で、僧侶を呼び、読経ができる火葬場もあります。読経ができないと、より対面時間は短くなります。

　近年では5%弱の方が直葬を選択します。理由は「故人が高齢で葬儀に呼ぶ人がいない」「値段の安さ」などが挙げられます。

　費用面では、自治体などからの補助を考えると数万円代の安さから葬儀ができます。また、ほかの葬儀形式に比べ、式場や通夜ぶるまいの食事などを考えなくてよいので、個人で行うことが可能です。この本では、直葬を自らの手で行うDIY葬儀として、解説していきたいと思います。

個人で行うことができる唯一の葬儀形式

メリット　→　DIYに向いている
短時間で終わる
費用が安い

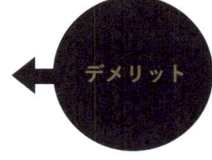

お別れのための通夜、
告別式などの儀式がない　←　デメリット
故人を見送る人数が少なく寂しい

一般葬

⬇

　故人に関わった多くの人で見送ることができるが、支払う葬儀費用が多い。ただし、香典などで、補填することも可能。近年は選ばれることが少なくなっている。

家族葬

⬇

　現在、半数近くの方が選択するといわれる家族葬。30 名以下の人数で行われ、故人をよく知る家族、近親者、友人しか参列しないので、遺族への精神的負担が少ない。葬儀費用はほぼ自己負担。

一日葬

⬇

　通常 2 日かかる葬儀だが、通夜を省略したもの。式の時間が短くなるため、選ぶ人も増えている。遺族としては、儀式が詰め込まれ、慌ただしく故人を見送ることとなる。

直葬

⬇

　亡くなった場所から、自宅や安置場所にご遺体を搬送、その後、火葬場に直行するプラン。いわゆる告別式などの儀式がないため、費用面では一番安価である。

第1章 事前の準備

**DIY葬儀で必要なものは
ネット通販で入手可能！
慌てないためにも、下準備は欠かせません**

必要になる葬儀セットと
費用について

DIY葬儀で必要なのは棺と骨壺のみ

最初に DIY で葬儀を進めるために必要なものをピックアップしてみましょう。搬送、遺体の処置などを抜きに考えると、いるものはシンプルに棺（ひつぎ）と骨壺です。

今では、全国的に火葬場に遺体を運び込んだとしても、納棺していないと火葬をしてもらえないルールになっています。理由は、納棺されていない状態で焼くと火葬炉が痛むため、有害物質を排出させないためとされています。

棺は、葬儀社に相談するか、インターネットの通販などで購入することができます。価格は 2 〜 3 万円ほどですが、大きなものなので時間と送料がかかることを念頭に置いてください。

次に、骨を入れる骨壺が必要です。骨壺も葬儀社のセット料金にありますが、DIY では自分たちで用意します。ただし、民営火葬場などでは、火葬料金と別に骨壺をその場で購入しなければなりません。東京都の場合、骨壺は 1 万円ほど。火葬場に事前の確認が必要です。

最もシンプルかつ最短で葬儀を行えば

必須なもの・費用

棺 約3万円	棺は一般的に6尺〜7尺（約180cm〜210cm）。特大サイズや子ども用もあります
壺 約1万円	骨壺は東日本7寸、西日本は4寸などを使用するのが一般的。分骨用の小さなものは数千円ほど
火葬費用 約6万円	全国で値段が違い、無料や数千円の自治体もあります。住人以外だと追加料金が必要です
国保の補助 約7万円	金額は、自治体や加入している保険により異なります。葬儀費用の領収書なども必要です

（東京23区の場合）

3万円＋1万円＋6万円−7万円……

DIY葬儀は約3万円で火葬まで行うことが可能になる

火葬場が混雑している場合に必要になるもの

ドライアイス・安置費用

近年、都市部を中心に火葬場が混雑することが多くなっており、長ければ亡くなってから10日〜2週間待ちという事態もありえます。葬儀社の持つ冷蔵施設での安置費用は1日1万円〜2万円程度、自宅安置にしてもドライアイス代は10kgで5,000円程度はかかります。

搬送料金

病院、施設、路上など、人がどこで亡くなっても遺体を安置する場所まで移動させなければいけません。法律上、死後24時間以内の火葬は禁じられています。遺体搬送、処置には特殊な技術も必要なので、搬送のみ葬儀社や専門業者に頼むことも可能です。

健保から支給される葬儀費用の補助金

国民健康保険加入者は7万円の支給がある（東京23区の場合）

　故人が国民健康保険もしくは後期高齢者医療制度に加入していれば、自治体に申請することにより「葬祭費」が支給されます。東京23区の場合7万円です。全国の自治体により差があり、金額はだいたい1万円〜7万円となっています。国保以外の健康保険の場合も、「埋葬料」という名目で支給されます。こちらは概ね5万円となっています。窓口へ問い合わせてみましょう。どちらも申請には期限があり、亡くなった日もしくは葬儀の日から2年以内です。必要書類には、葬儀費用の領収書があるので必ず保管しておきましょう。また、故人が病院に入院していて、多額の費用がかかっていた場合は、「高額療養費」の請求もしましょう。一部ですが、医療費が戻ってきます。

［要注意!!］

・補助金は申請しないともらえない

・申請期限があるので忘れずに!

for DIY

故人が国民健康保険か後期高齢者医療制度に加入の場合

補助金額	7万円 （東京23区。その他市区町村1〜5万円）
誰に支払われるか	喪主、葬儀を行った人
申請先	市区町村窓口
申請時、必要書類	死亡した人の保険証、亡くなった人のマイナンバーが確認できるもの、葬儀費用の領収書等、申請者の本人確認ができるもの、葬儀を行った人の印鑑・口座番号が確認できるもの、申請書（詳細は各市区町村に確認のこと）

故人が国保以外の健康保険に加入の場合

補助金額	5万円 （加入保険によっては独自の補助金があることも）
誰に支払われるか	被保険者が亡くなった場合 →埋葬を行う人に 加入者の被扶養者が亡くなった場合 →被保険者に
申請先	全国健康保険協会の各けんぽ窓口
申請時、必要書類	事業主の証明（ない場合は埋葬許可証、火葬許可証、死亡診断書など死亡が確認できるもの）、申請書 ※詳細は各健康保険窓口に確認のこと

葬儀セットはインターネットで購入可能

通販なら自宅に直葬セットが届く!!

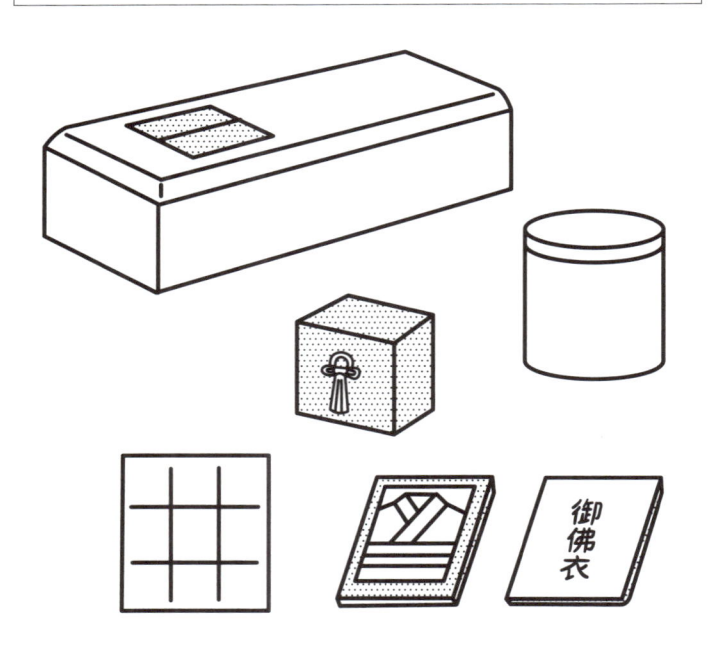

大手ネットサイトでは、棺・骨壺・骨壺カバー・仏衣・骨揚げ箸などがまとめて「直葬セット」として販売されています。価格は3万円弱から用意されています。手軽ではありますが、サイズなどに注意してください。

最も重要な2つのもの

棺

火葬場での取り決めにより、DIY で葬儀をする人も、火葬時には納棺しておく必要があります。ボッタクリ葬儀社では、棺だけで数十万といわれることもありますが、通販では 3 万円弱で購入可能です。

壺

火葬場で焼かれた後の、遺骨の引き取りに必要なのが骨壺。ネット通販なら安いものから高級品まで選ぶことができます。火葬場、葬儀社への持ち込みは断られることもあるので事前確認が必要です。

DIY 葬儀に欠かせないのが棺と骨壺です。近くのホームセンターに売っていないとお困りの方もいるかもしれませんが、今ではネット通販で買うことができます。ネット通販大手の Amazon や楽天で棺と検索してみましょう。ペット用のものが多いですが、しっかり見れば、人間用の棺が見つかります。送料の額に気をつけて自宅や安置場所に送ってもらいましょう。

骨壺も同じく、定番の白や少し予算を足せば美しくデザインされたものがあります。骨壺カバー、袋なども必要であれば一緒に購入しておきましょう。

旅立ち前の個室『棺』のこと

値段も手頃で人気の布張棺

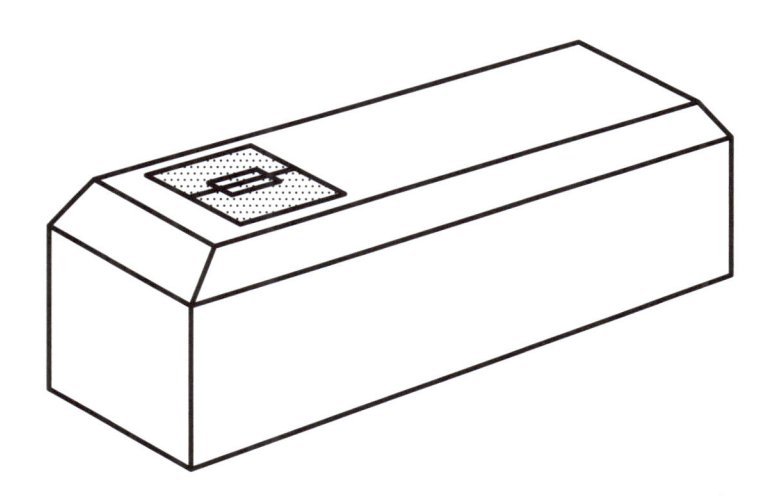

基本的に棺は 3 サイズから選び注文できます。サイズは 6 尺 (181 センチ)、6.5 尺 (190 センチ)、7 尺 (210 センチ) などです。大人用以外に子ども用も用意されています。棺には布張りや彫りの入ったものもあり、一般的には価格的に手頃な布張りが好まれています。

棺のサイズは尺で表記されている（1尺＝約30cm）

故人の身長＋10〜15cm＝棺のサイズ

※ 10 〜 15cm加えるのは、遺体は足の先が伸びているため

棺のサイズは、亡くなった方の身長より 10 〜 15cm ほどプラスした大きさを目安にしてください。極端に巨漢の方以外は棺に納まります。

主な棺の種類と価格

布張棺　1万円後半〜

現在、木製の棺に布張りしたものと桐棺が主流となっています。色の種類には、白、黒、花柄などがあります。通販で買えるものは、一般的な葬儀社でも使われているものなので、DIY 葬儀でも十分な品質です。

桐棺　約2万円〜

棺の木材には、桐（キリ）、樅（モミ）、檜（ヒノキ）などが使われています。装飾、彫り物などの加工をするとより高価になっていきます。最高級な棺には、百万円を超えるものもありますが、選ぶ人は少なくなっています。

エコ棺　約5万円〜

焼いたとき環境に配慮し、窒素酸化物などの有害物質の発生を抑える棺です。選ぶ人の興味も高まっています。エコ棺はダンボール製もしくは、木製が多く、代金の一部が植林プロジェクトにあてられることもあります。

天然木棺　約20万円〜

檜などの高級木材から職人が手作りで彫り物を入れた棺は格調高く、ゴージャス感が漂います。ただし 20 万円以上と高価なので、DIY で使うのならば、安価な組み立て式などがオススメです。組み立ても 2 人いれば簡単です。

『終のすみか』ともいえる骨壺のこと

骨壺自体は安価だが火葬場で購入しなければいけない場合も

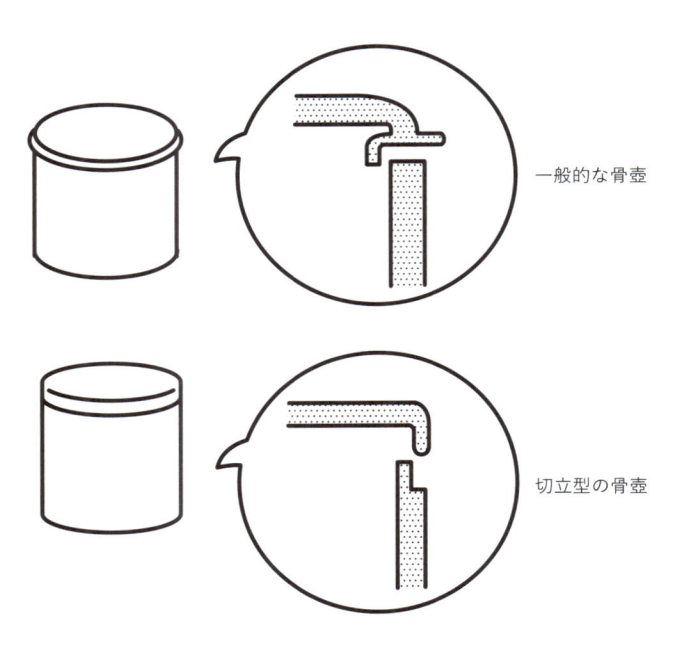

一般的な骨壺

切立型の骨壺

骨壺は地方で大きさが違います。東日本では7寸、西日本では4寸〜5寸の骨壺が主流です。東日本では焼いた後の骨を全部、西日本では骨の一部を壺に入れます。

地域によって変わってくる壺の大きさ

大きさ	直径・高さ	用途
2寸～3寸	直径約6cm～約9cm 高さ約7cm～約11cm	分骨・手元供養
4寸～5寸	直径約12cm～約15cm 高さ約14cm～約18cm	西日本で収骨に使用、 分骨・手元供養
6寸～7寸	直径約18cm～22cm 高さ約20cm～約25cm	東日本で収骨に使用
8寸～	直径約24cm 高さ約30cm	改装などでお骨を 合同にしたいときに使用
尺寸	直径約31cm 高さ約34cm	

東日本は6寸～7寸 …… お骨をすべて収骨するため

西日本は4寸～5寸 …… 主要な部分などを収骨するため

　骨壺自体の価格はシンプルなものだと4,000円程度からあり、焼き方や装飾に凝った高価なものだと15万円以上のものもあります。市区町村の運営する火葬場では持ち込み料が無料の場合もありますが、民間に委託されている火葬場は、決められた骨壺を1万円ほどで強制的に購入させられるケースがあるので、候補の火葬場のことは調べておきましょう。

プロに頼らず身近な人を見送る覚悟について

DIY葬儀のための心得

知らせない

……故人の親戚や友人に葬儀の知らせをしない

親戚や故人の友人などに知らせれば、DIY でなく家族葬になる可能性が高まります

付き合わない

……菩提寺と檀家の関係を切る覚悟

葬儀をしないということは先祖代々の菩提寺の檀家を辞める覚悟が必要です

迷わない

……周囲の反対や意見に流されないようにする

口うるさい親戚や知人などが家族葬を勧めますが、自分の決断を信じましょう

たじろがない

……遺体と身近に接する場面も多くなる

血縁者の遺体を目の前にすると、搬送、安置など厳しい場面もあります。
ですが、絶対にやり通す覚悟を持って臨みましょう

　　ここまで DIY で葬儀を進めるための準備を見てきましたが「直葬であれば意外に簡単そう」という印象を持った方もいるのではないでしょうか？　たしかに DIY 葬儀であれば、誰にも気を遣わず、安価で葬儀ができるでしょう。ただし乗り越えなければいけない壁はあります。それは 3 章、4 章などで詳しく解説します。

本書が考えるDIY葬儀に向いているのは『こんな人』

親族が故人と喪主本人しかいない

兄弟も知人も配偶者も亡くしたような孤独な高齢の方などがあたります。葬儀をしても参列者が自分だけという人なら、DIY 葬儀には適しています。

お墓（菩提寺）を持っていない

先祖代々の菩提寺や墓がある場合、自分の代でそのお寺との縁を切る覚悟が必要です。お墓があっても、無宗教の市民墓地などであれば、DIY 葬儀は容易です。

精神力の強さ

口うるさい親戚からの意見に耐えられる精神力がある方がいいでしょう。また、血縁者のご遺体に防腐処置を行う際にも、断固とした決意が不可欠となります。

体力自慢の人

ご遺体をひとりで搬送するには、かなりの体力が要求されます。搬送も 1 カ所ではなく、亡くなった場所、自宅や安置所、火葬場と何度か移動があります。

適切な葬儀情報を持つ人

書類の手配、火葬場の予約、棺など葬儀セットの購入など雑事は多くあり、しきたりを知っていたほうがスムーズに進められます。この本も活用してください。

必要なものはネット購入が可能

↓

　棺、骨壺は、葬儀に欠かせないものだが、ネットでの購入が手軽だ。ただし、棺はとても大きいため、配送料もかかり、届くまでに時間が必要。亡くなってから用意するのでは間に合わないこともあるので、DIY葬儀をすると決めたら事前に注文し、入手しておくほうが望ましい。

健保の葬祭補助を申請することを忘れずに

↓

　DIYでも葬儀社に頼む場合でも、葬儀は準備や挨拶、書類の提出などで忙しい。そのような中、忘れやすいのが「葬祭費」「埋葬費」の補助金の申請。故人が国民健康保険加入の場合は、市区町村の健康保険課に問い合わせ、申請書を提出。国保以外はそれぞれの社会保険に申請する。

覚悟をもって臨めば、数万円でDIY葬儀は可能

↓

　すべてを自分で手配するのは手間もかかるし、労力、精神力も相当のものだ。しかし、補助金を入れればわずか3万円ほどで火葬まではできる。DIYで難しい遺体の処置、搬送、安置だけをプロの手を借りても20万円以内にはなる。葬儀を安くすませたいならば、DIYは確実な手段なのだ。

第2章

臨終

身近な人の臨終のとき……
悲しみの中でも
進めるべき手続きを知っておきましょう

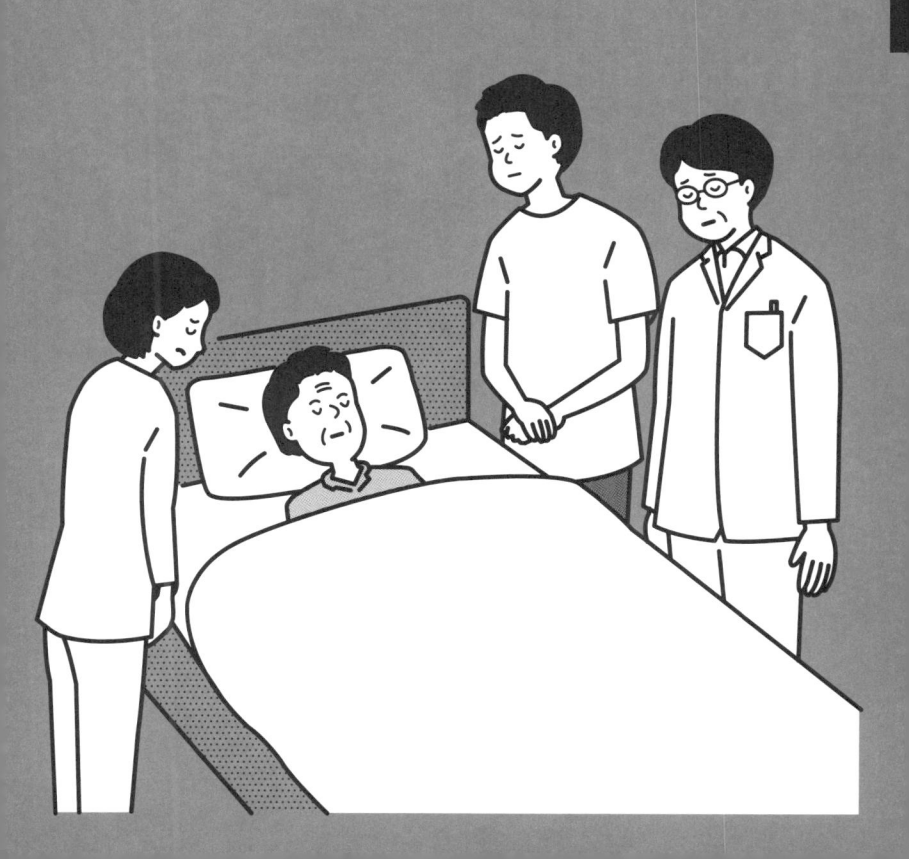

臨終直後から始まる
手続きの流れを知っておく

死亡診断書・死亡届・埋火葬許可証について

　DIY に限らず人が亡くなったときには届け出が必要です。その種類を知っておきましょう。病院もしくは自宅や介護施設で、医師により死亡が判断されると死亡診断書が作成されます。厚生労働省の資料では、現在、80％近くの方が病院、約 12％の方が自宅で最期を迎えています。

　死亡届は死亡診断書と同用紙です。右側部分の死亡診断書を医師に書いてもらい、左側の死亡届を届出者が記入します。死亡届は保険の手続きなどでも使用するのでコピーを取っておきます。記入した死亡届を、死亡から 7 日以内（国外で死亡の

[**死亡診断書・死亡届**（用紙は一緒になっている）**の流れ**]

病院で受け取り ……………▶ 役所に提出

[**埋火葬許可証の流れ**]

役所で発行 ……………▶ 火葬許可証 ……………▶ 火葬場へ

　　　　　　　　　 ▶ 埋葬許可証 ……………▶ 霊園などへ

亡くなった場所による手続きの違い

場所	手続き
病院 (P43)	医師による死亡確認 ➡死亡診断書
自宅 (P44)	かかりつけ医が いる→医師による死亡確認➡死亡診断書 いない→救急搬送→医師による死亡確認 ➡死亡診断書。警察→検案後➡死体検案書
老人ホームなどの施設 (P46)	救急搬送、常駐・提携医による死亡確認 ➡死亡診断書
不慮の死 (P47)	救急搬送→病院→医師による死亡確認 ➡死亡診断書 警察→検案後➡死体検案書

場合は3カ月以内）に故人の本籍地、届出者の現住所、死亡した場所のどれかの役所に提出します。費用が発生することもありますが葬儀社が代行することもできます。

　死亡届の提出と同時に「死体埋火葬許可証」の交付も受けます。こちらは火葬場に提出するものです。

　火葬がすむと火葬場で認め印を押されて返却され、これがいわゆる埋葬許可証になります。これがないと墓地、霊園などに骨を納めることができません。火葬の際、分骨を予定しているときは分骨の証明書が必要なので火葬場に伝えましょう。

死亡届について知っておくべきこと

手続対象者	親族、同居者、家主、地主、家屋管理人、土地管理人等、後見人、保佐人、補助人、任意後見人
提出書類・部数	死亡診断書又は死体検案書1通。 なお、やむを得ない事由によって、これらの書面を得ることができないときは、届出先の市区町村に問い合わせ
提出時期	死亡の事実を知った日から7日以内（国外で死亡したときは3カ月以内）
提出方法	届書を作成し、死亡者の死亡地、本籍地又は届出人の所在地の市役所、区役所又は町村役場に提出する
受付時間	役所には夜間、土日を含み365日24時間提出できる。ただし正式な受付は平日のみの場合が多い（死体埋火葬許可証が後日受け取りになる）※各自治体に問い合わせのこと

[提出時に気をつけるべきこと]

火葬場が決まっていること

葬儀社に任せると都合のよい火葬場を探してくれます。DIY では、火葬場も自力で探して予約しなければいけません。火葬場が決まっていないと火葬許可証（火葬の場所を記載するので）は発行されません。

届出人について

死亡届を提出できる人は限られています。親族、親族以外の同居者、家主、地主、後見人、施設の病院長などがあたります。

病院で臨終を迎えたとき

病院で亡くなったときの主な流れ

医師による死亡確認

亡くなる前には危篤を告げられます。会わせたい親族がいれば連絡をしましょう。臨終の際には、医師から遺族に死亡宣告がなされます。

末期の水と清拭

臨終の直後、近親者により末期の水を取ることもあります。割りばしの先にガーゼを付けたものを看護師が用意してくれるでしょう。またご遺体の清めをする清拭も行います。

看護師らによるエンゼルケア

清拭の後には死に化粧＝エンゼルケアです。髪を整え、ひげを剃り、薄化粧を施します。鼻に綿を詰めるなどの処置もこのときに行われます。DIY では遺族自ら行うか、有料ですが、看護師に頼む、専門家を呼ぶことも可能です。

死亡診断書の受け取り

死亡診断書が作成されるので受け取ります。この頃に病院より、葬儀社をどうするかなどの問い合わせがありますので、心に余裕を持って葬儀社を選びます。

安置場所への遺体搬送

大きな病院の安置室も数時間から半日の利用が限度です。その間にご遺体の搬送先を決めます。DIY では自力での搬送となります。

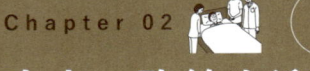

自宅で臨終を迎えたとき
かかりつけ医がいる場合、いない場合

自宅で亡くなった場合は手続きがいろいろ

[かかりつけの医師がいる（持病などがある）場合]

医師に連絡後、死亡確認

自宅で亡くなった場合、その以前に危険な徴候、衰弱も見られるでしょうから、かかりつけの医師を呼びましょう。24時間以内に最終診察をしている場合、また、それ以上の期間でも医師の管理下にある患者であれば、死亡診断書を発行してもらえます。医師が死因に不審な点を感じれば警察に知らせることになります。

エンゼルケア

病院で臨終を迎えたときと同じく、末期の水、清拭、エンゼルケアを行っていきます。自分だけの手に負えない場合は、医師付き添いの看護師や、葬儀社、エンゼルケアの専門家などに有料でお願いすることになります。

自宅安置の準備

故人の望んでいた服に着替えさせ、ベッド、布団などに防水シーツを敷き、ご遺体を安置させます。仏式の信仰があれば北枕、西枕が無難です。ご遺体の傷みがないようにエアコン、ドライアイスなどでの温度管理も必要です。

[かかりつけの医師がいない場合]

救急に通報後、警察に通報

かかりつけの医師がいないまま自宅で亡くなったとき、急病のため路上などで倒れたときは生存の可能性があるなら救急車は絶対に呼ぶべきです。ただし、救急車を呼ぶと、警察への通報もなされるので、病気などで自宅療養しているのであれば、かかりつけの往診医師を探しておくべきです。

警察による検視・検案

警察は事件性を考えるので、家族は事情聴取され、ご遺体は検視されることになります。検案でも事件性が疑われるとご遺体は解剖に回され、結果が出るまで数日待つこともあります。解剖、搬送の費用は遺族が負担します。

| 犯罪性などが疑われたとき | 不審な点・犯罪の疑いがない |

司法・行政解剖

検視・検案の結果「異状死」と認められ、犯罪性のない場合は行政解剖、ある場合は司法解剖が行われます。解剖を受けたご遺体は、遺族のもとに返ってくるときは、ステンレスの台に裸のまま載せられています。東京都監察医院の場合、浴衣と棺を持って迎えにいきますが、DIY での引き取りは精神的に重圧となるでしょう。

死体検案書の発行 ◀

「死体検案書」が発行され、これが死亡診断書と同等となります。ここからの手続きは、死亡届と同じです。※費用については P65

遺体引き取り

ご遺体は監察医のいる病院か警察署で引き取りが可能です。業者は納体袋と呼ばれる遺体専用の収納袋を用います。上記の浴衣、棺のほか、ストレッチャーなどのご遺体を運べる道具があると便利です。ご遺体にひどい損傷があることも多いので、ご遺族自らの引き取りはオススメをしません。

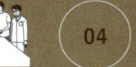
老人ホームなどの施設で臨終を迎えたとき

施設での主な流れ

常勤・嘱託医による死亡確認

老人ホームや介護施設などで最期のときを迎える方もいらっしゃいます。施設内の医師、老人保健施設では配置医師、特別養護老人ホームでは嘱託医が死亡診断書を作成します。

↓

エンゼルケア・搬送・安置

[上記医師による死亡確認ができない場合]

1　救急搬送 ⋯⋯⋯▶ 医師による死亡確認

施設の嘱託医のスケジュールが取れない場合などは、救急車を呼び、搬送先の病院での死亡診断書作成となります。現在、施設での看取りの体制が整っておらず、これからの医療界、介護業界の対応が注目されています。

2　警察による検視 ⋯⋯⋯▶ 遺体引き取り・安置

施設での死亡原因が不明だった場合などは、警察に通報しなければなりません。事件性がない場合も検視・検案がありますし、もし事件性が疑われれば、司法解剖となり、警察署などでのご遺体の引き取りとなります。

不慮の事故などによる
死亡のとき

不慮の事故などの場合の主な流れ

通報 ········▶ **救急搬送**（以下、病院での臨終と同様の流れ）

交通事故など不慮の事故の場合、まず事故に遭った方は病院に救急搬送されます。その場で医師による死亡が確認されない限り、警察による検視・検案が行われます。これらは、加害者の罪の立証のためにも必要です。場合によっては1週間以上かかることも考えられます。

警察

死亡が確認されるとご遺体は、監察医のいる病院などに搬送され、解剖が行われます。死因が特定されると「死体検案書」が発行されます。検案書の発行は有料で警察署により数千円から数万円と「死亡診断書」より高額です。

[海外で亡くなった場合]

現地から遺体搬送

海外で近親者が亡くなったときは、外務省から連絡があります。臨終した国の風習などにもよりますが、現地でご遺体の防腐処理・納棺をして、航空貨物として運ぶ手配が必要です。DIYではほぼ不可能です。通関手続きなどもあるので専門業者に依頼するしかありません。費用は100万円を超えることも。

現地での火葬

もうひとつは現地での火葬です。遺族の到着に時間がかかる場合、現地に火葬施設がある場合に選択されます。現地の医師による死亡診断書を在外公館に提出し、埋火葬許可証をもらい火葬します。ご遺骨を持参した骨壺などに入れ、持ち帰ります。遺族の航空運賃、滞在費を除くと費用は数万円から数十万円ほどです。

葬儀社活用時の知識
『危篤時と臨終時』

危篤時から臨終まで、あなたができること

危篤時

危篤とは、患者に回復の見込みがなく、意識が朦朧としていると医師が判断した状態です。なるべく冷静に対処しましょう。

[やるべきこと]

病院へかけつける

まずは、自身が病院へ向かい、現在の状況を確認しましょう。葬儀をするならば、本来危篤のタイミングより前に相談しておくことが大事です。危篤の状態では葬儀社の比較などもできません。DIY 葬儀も棺などの手配があるので同様です。

ほかの親族への連絡

早朝や深夜でもためらわずに親族、知らせるべき友人へ連絡をしましょう。親族は一般的に 3 親等までといわれますが、本人の希望を優先しましょう。

ある程度のお金の用意

もしものことを考えてある程度の現金を用意しておきます。病院代や不測の出費も考えられるので、余裕を持たせた額を手元に置いておきましょう。

 注意すること ### 公共機関の乗り物やタクシーを使うこと

親族が亡くなる今際の時には、冷静でいられるわけがありません。落ち着いていると思ってもそうでないこともあるので、なるべく公共交通機関を利用しましょう。

臨終時

近親者が亡くなるのは悲しいことですが、臨終に立ち会えるのは幸せです。最期のときまで寄り添ってあげましょう。

連絡するべき相手はわかっているのか

近親者の死を他人に告げるのは精神的につらいですが、両親や兄弟、祖父母、孫、配偶者の親、兄弟には最低限伝えましょう。ほか、友人や会社関係は、リーダーになる方に伝えると、自分から連絡せずとも伝わります。

事前相談していた葬儀社がある人は

葬儀社を使う予定の方は、事前相談がオススメです。限られた時間で、悪徳な葬儀社を見分けるのは困難です。葬儀は、本来事前相談し、相見積もりを取って検討するほどの費用がかかります。相見積もりを断る葬儀社はやめておきましょう。

病院や警察から紹介された葬儀社

「病院で臨終を迎えて、看護師さんに数時間で退出してほしいといわれた」。こんなこともよくあります。焦るのはわかりますが、病院付き、警察付きなどの葬儀社は評判のよくないところもあるので要注意です。

菩提寺やお願いする僧侶がいる人は

檀家である人は菩提寺の僧侶に一報を入れておくとよいでしょう。その後、葬儀社に依頼する場合は、葬儀社の担当者が僧侶とその後のスケジュール調整をしてくれます。DIY で進める場合は寺との関係を断つ覚悟が必要となります。

ひとりで抱え込まずに親族で役割分担

近親者の突然の不幸はとてもつらく、重いものです。そんなときに死亡届や親戚への連絡などやるべきことは多く降りかかってきます。悲しみをひとりで抱え込まず、実務は親族や友人などに分担してもらうのもよいでしょう。

プロから学ぶ葬儀のノウハウ
『臨終直後』

末期（まつご）の水と病院でのエンゼルケア

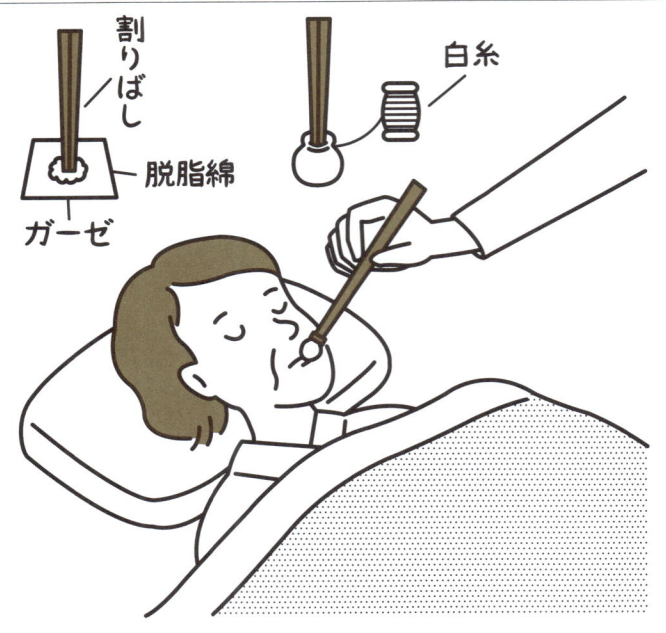

割りばし

白糸

脱脂綿

ガーゼ

もともとは臨終間際にしていた「末期の水」の儀式ですが、現在では臨終直後か納棺の際に行われます。割りばしの先に脱脂綿をあて、ガーゼで包んだものの先を白糸で縛ります。そこに水を含ませ、故人の唇を湿らせます。仏式以外では樒（しきみ）なども使われます。

ご遺体が美しく見えるように

エンゼルケアって？

エンゼルケアとは、「死に化粧」とも呼ばれ、亡くなった後の葬儀を迎える身支度です。ご遺体の乾燥、腐敗を防ぎ、死後も美しく見えるようにメイクを施します。メイクをするための準備として、全身をキレイに拭き、身体から薬液や体液が出ないように口、鼻、肛門などに脱脂綿を詰めます。目や口が開いている場合は、しっかりと閉じます。髪に汚れがあれば、洗髪し、ひげやつめも整えます。その後に化粧をしていきます。

第2章・臨終

注意すること

故人が使っていたものは処分する

故人が使用していた化粧品、口紅やひげそり。形見として残したい気持ちはわかりますが、感染症の可能性もあるので、処分しましょう。

点滴跡などを再度確認しておく

点滴、注射の跡や傷口からは体液や血液が溢れ出すこともあります。そのような場合は、綿やガーゼなどで止血しておきます。

保険外適用なので料金がかかる場合がある

エンゼルケアは病院で看護師が行うこともあります。衛生用品の実費、人件費などは、保険外となり、数千円から数万円の請求となるので確認しましょう。

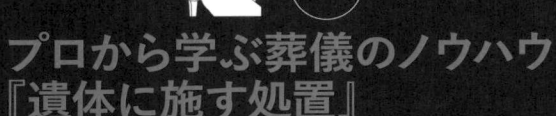
プロから学ぶ葬儀のノウハウ『遺体に施す処置』

プロが行うエンゼルケアとは

エンゼルケアって?

　エンゼルケアとは、ご遺体の傷みを防ぎ、整った状態でお見送りをするための処置です。死後、病院で行われることもありますが、訓練を受けた専門家の技を紹介しましょう。

　まずは体液、薬液などが出ないように、鼻、口、耳などに脱脂綿を詰めます。特に鼻には、ピンセットで 15cm 以上押し入れます。闘病などで痩せている方、入れ歯が取れている方に、ふっくらとした印象を取り戻すために頬にも脱脂綿を入れます。また、ご遺体にはおむつをはかせます。プロの技の一例ですが、口を閉じさせるために、針の付い糸をアゴや首から通し、口腔内にひっかける方法もあります。

作業時、プロが注意していること

　プロの人たちは感染症などを避けるためにビニール製の使い捨て手袋を使用し、手に傷があるときは瞬間接着剤で固めています。特に血液、体液は遺族の方にも危険があるので、点滴の穴、傷口などの手あてをしっかりと行います。また、道具や化粧品はエンゼルケア専用のものを使用しています。

脱脂綿の代わりに高分子吸収材を使う病院も

最近、病院では脱脂綿の代わりに紙おむつの素材でもある高分子吸収材を使用することがあります。水分を含むとかなり膨らんでしまい、ご遺体の表情を変えてしまうときもあります。DIY で行うときは、脱脂綿を使いましょう。

死亡診断書はコピーを複数取っておくこと

⬇

死亡診断書、死亡届は一度役所に提出してしまうと手元に戻らないと思っておく。正確には法務局から写しがもらえるが手続きが煩雑。提出前にコピーを多めに取っておこう。遺族年金申請、銀行、保険会社、相続、会社への忌引届けなど提出を求められることがとても多い。

臨終を迎えた状況によって手続きは変わる

⬇

全体のおよそ5人に4人が亡くなるという病院で、臨終を迎えることができれば手続きは難しくはない。しかし、自宅で亡くなってかかりつけ医がいなかった、事件に巻き込まれ司法解剖になった場合などはかなり手続きが込み入ってしまう。手続きの段取りを確認しておきたい。

危篤時・臨終時、その心構えは今から持っておく

⬇

身近な人にも自分にも訪れる死は避けることはできない。残されたものに葬儀すべてを任せるのもいいが、できることなら、葬儀のイメージだけでも事前に考え準備しておいたほうがいい。いざというときに焦ってしまい、必要以上に費用のかかる葬儀をやることになってしまうと元も子もない。

第3章

遺体搬送

**安置する場所への移動
ご遺体に触れる最初の瞬間
搬送方法のコツとノウハウを紹介**

亡くなった場所によって
搬送方法は変わる

遺体はどこから搬送するのか

病院

P60 へ

▶ 病室など ┈┈┈▶ **霊安室へ**

病院で臨終を迎えると、ご遺体は、病室で看護師などからエンゼルケアを受けた後、搬送の手配ができるまで霊安室に安置されます。病院と提携した葬儀社の方がいる場合、こちらでエンゼルケアをすることもあります。

老人ホームなどの
介護施設

P62 へ

▶ 常駐の医師がいる場合
居室安置 もしくは **霊安室**

介護施設に霊安室がある場合、ご遺体はそこに運ばれます。霊安室がなければ、故人の居室で安置されます。エンゼルケアは介護施設内、もしくは搬送後に行われます。

▶ 救急搬送された場合など
▶ **病院か警察へ** P64 へ

不慮の死や
事故など

不慮の事故で亡くなってしまった場合は、監察医のいる病院か警察署などでご遺体を引き取ることとなります。このときご遺体は検案や解剖をされていることもあります。DIY も可能ですが、葬儀社、搬送業者への相談をオススメします。

搬送時に注意しなければならないこと

遺体を寝かせて載せられる車を所有している

DIY で搬送する場合、ご遺体を寝かせて搬送できる車を使うことが基本です。自家用車の後部座席に寝かせることも可能ですが、どなたかがご遺体のそばに寄り添って動かないようにする必要があります。レンタカーの使用はやめましょう。

安置場所から車まで運ぶ手段の確保

病院、介護施設では、看護師・事務方に相談するとストレッチャーを貸してくれる可能性はあります。ただし先方の好意なので無理強いはしないでください。警察署・監察医の病院では、棺が必要な場合があります。必要ない場合でも納体袋、シーツなどを必ず持参し、警察からの手助けはないと思いましょう。

遺体は寝かせた後、固定しておくこと

ご遺体は重量のある頭から車に入れるのが基本ですが、決まりはありません。ご遺体を寝かせたらしっかりとバンドなどで固定しましょう。車の加減速などでご遺体に負担がかかるのを防ぐためです。

搬送中は死亡診断書を常に携帯しておく

運転するときは死亡診断書を携帯しましょう。検問などで止められたときに説明できなければ、事件性を疑われることもあります。

※ご遺体を助手席、後部座席などに固定し搬送することもできなくはありませんが、吐瀉物・体液が飛び散る可能性もあります。

搬送時に用意しておきたいもの

搬送時、役に立つ基本グッズ

『シーツ』→担架の代わりになる

シーツはできれば防水のものを購入しましょう。安いものなら 2,000 円ほどから買えます。また、大人が 2 人いて、シーツのそれぞれの端を持てば、担架のように使用し、ご遺体を運ぶことができます（P66）。

『ビニールシート』→車内の汚れを防止

ビニールシートを車内に敷いておけば、万が一ご遺体から血液、体液などが漏れ出しても対処できます。汚れが広がらないようにビニールシートは必ず用意しておきましょう。

『紙おむつ』→遺体からの「もしも」のとき対策

エンゼルケアや防腐処置の際にしておくものですが、ご遺体には紙おむつをはかせ、肛門には脱脂綿などを詰めておきましょう。ガスや便などの漏出を防ぎます。

遺体搬送、プロが使っているモノ

防水シーツ

葬儀社の持ち物に欠かせないのは防水シーツです。病院などにご遺体を迎えに行くときから、火葬場まで常に持っていて、汚れてしまっても代えられるように予備もあります。

納体袋

ご遺体を収納する専用の袋です。ビニール製で端が持ちやすくなっているものもあります。安いもので数千円、高いもので2万円ほど。状態の酷い遺体に使用します。

ストレッチャー

葬儀社ではストレッチャーも常備しています。ご遺体を搬送するのに使用します。個人で購入する必要はないですが、価格は10万円以上と高額になっています。

搬送業者に依頼したときの注意点

——搬送だけを引き受けてくれるところもある——

車種や走行距離による違い

葬儀社が決まらないときやDIYで搬送だけを依頼したいときに搬送業者の利用もできます。長距離でなければ、搬送は葬儀社のパック料金に含まれています。しっかり料金を確認しましょう。また、仕事として搬送している業者は運輸業の許可を持っています。介護タクシーでの遺体搬送はできません。

深夜・早朝の割増料金

ご遺体の搬送料金は10kmで2万円、20kmで4万円ほどが基本料金の目安となります。深夜、早朝の搬送には基本料金に数千円から数万円の割増料金が加算されるのがほとんどです。可能であれば、日中の予約をするといいでしょう。料金に関しては、事前に細かくチェックしておくことも必要です。

防水シーツ・ドライアイスなどの追加料金

上記の搬送料金にプラスしてシーツ、ドライアイス、場合によっては納体袋（P71）などのオプション料金が必要となる場合もあります。その際の金額は数万円くらいでしょう。これ以上の値付けをしてくる業者も存在しますので、繰り返しになりますが、予約の時点で先方への確認は怠らないでください。

搬送の心得①『病院から』

協力を得るためにも事前相談が必須

病院によっては病院付きの葬儀社の人が常駐しています。彼らが霊安室にご遺体を運ぶこともありますし、営業をかけてくることもあります。そういったことに対応するためにも事前の相談は必須となります。

病院側への事前相談

これに注意!!

　現状、DIY でご遺体の搬送をする人は珍しい存在です。事前に病院側に自分でご遺体を搬送する旨を伝えておきましょう。その際に、注意点なども聞いておきます。ストレッチャーの貸出などの融通を利かせてくれることもあるかもしれません。

すみやかに出ていくことを求められる

　病室、霊安室にご遺体を安置できるのは、数時間から半日程度です。その間に搬送業者か葬儀社に依頼するか、自分で搬送するかを決めなければなりません。繰り返しになりますが、事前の準備、相談が重要となってきます。

霊安室から車へ遺体の移動が必要

　霊安室から病院の搬送出口を経て、車まで運ぶのをひとりで行うのは、かなり厳しい作業です。できればストレッチャー、もしくは担架、それもなければ防水シーツで男性 2 人で運ぶのが理想です。なるべくご遺体を揺らさないように丁寧に運び出しましょう。

第3章・遺体搬送

必要になるもの ▶ **遺体を寝かせて運べる車、シーツ、防水シート、おむつ、死亡診断書**

搬送の心得②『老人ホームなどの施設から』

事前準備可能で、DIY葬儀に向いている

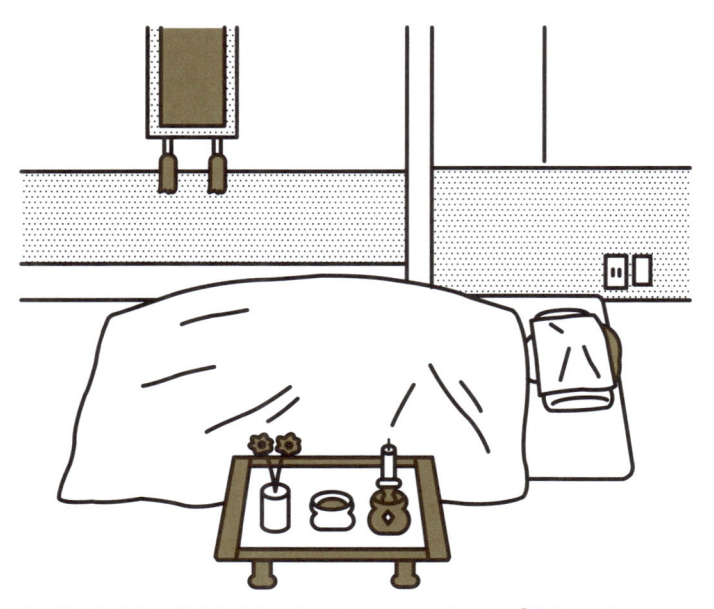

介護施設から DIY で搬送を考える人は多いかもしれません。「遺族が自分しかいない」「事前に DIY 葬儀の準備ができる」という 2 点をクリアできるからです。また、施設の協力を得られれば自力の搬送も容易です。

施設側への事前相談

病院と同じく、施設側にも事前相談をしておくと、ストレッチャー（施設が所有している場合）、エレベーターの使用などに融通を利かせてくれることもあります。DIYでは施設にも迷惑をかけることもあるので、必ず相談をしておきましょう。

ほかの入居者への配慮

施設で臨終を迎えたとき、ほかの入居者に知らせる、知らせないは施設側で決めています。規則に従いましょう。同室の場合などは、相手を気遣って手短に搬送をすませましょう。

なるべく早く出ていくこと

こちらも病院と同じく安置室や居室などから数時間から半日程度で搬送しなければなりません。事前に葬儀社、搬送会社に頼むか、自力で搬送するかを決めておきましょう。

救急搬送された場合、施設へ戻る場合もあるが、病院安置のときもある。また、死因によっては警察（検案）に行くこともあるので注意。

必要になるもの ▶ **遺体を寝かせて運べる車、シーツ、防水シート、おむつ、死亡診断書**

解剖後の遺体搬送はDIY葬儀には向いていない

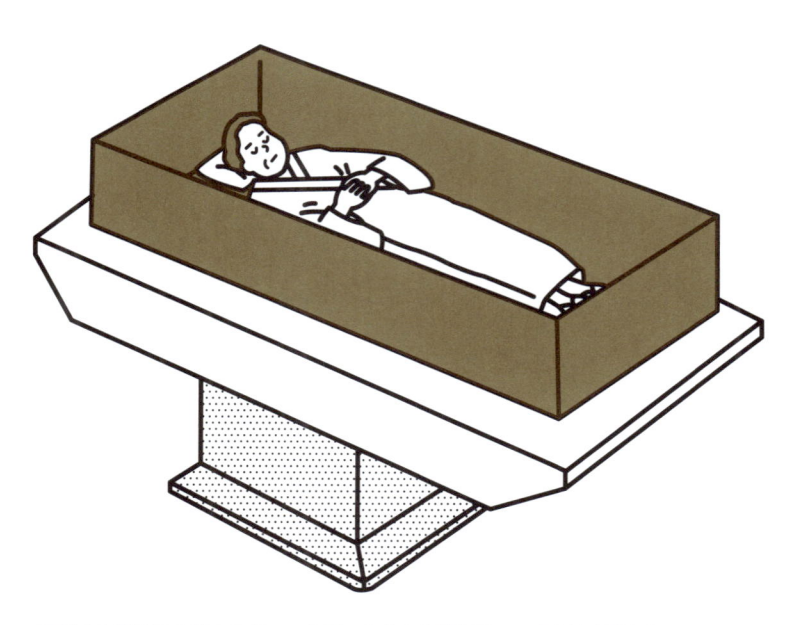

突然の交通事故や路上などでの急死、自宅や介護施設での事件性を疑われる死では、警察の検視・検案・解剖の対象になる可能性があります。何度も申し上げますが、解剖後のご遺体搬送のDIYは近親者の方にはつらく、オススメはできません。

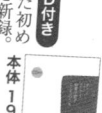

❽ 恋かバレエか

ルーク・ベイリーと付き合い始めたエリー。恋とバレエの狭間で、決断を迫られることに。

新・歴史人物伝 読みもの

児童文庫で大活躍の作家が、新たなドラマを書き下ろし!!
CGビジュアル口絵で歴史のひとコマを体感できる!

新書判／上製／各188〜212頁
（カラー口絵付き）

本体 各1300円

❶ 西郷隆盛

激動の時代、人を愛し、新時代の幕開けに力を注いだ西郷隆盛の人物像に迫る。

越水利江子 著

❷ 坂本龍馬

江戸時代末期、自由な発想で、日本の未来のために駆けぬけた幕末の英雄の物語。

仲野ワタリ 著

❸ 土方歳三

目まぐるしく変わる時代のなか、幕府が倒れるまで最後の時まで戦った土方歳三の半生を描いた物語。

藤咲あゆな 著

❹ 勝海舟

新政府軍の大将である西郷隆盛と身を挺して交渉し、江戸の町を戦火から守った幕末の英雄の一生を描く。

小沢章友 著

汁かけごはん

田内しょうこ 著／A5判／112頁

あったか煮物から、冷たい汁ものまで。「ごはんに汁ごとかけるとおいしい!」レシピ集。

本体 1500円

オールカラー

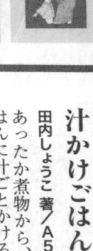

僕が恋した日本茶のこと
青い目の日本茶伝道師

ブレケル・オスカル 著／四六判／180頁

テレビや雑誌への露出で話題のスウェーデン人日本茶伝道師の初著書! 日本の魅力を再発見。

本体 1500円

2刷

小栗康平コレクション 全6巻

❶ 泥の河

前田英樹（立教大学教授）による作品解説と小栗康平×前田英樹による対談を収録

小栗康平、前田英樹 著／四六判・スリープケース入
各64〜68頁

本体 ❶〜❺ 各3700円

日本映画界が誇る名匠・小栗康平の不朽の名作。

DVDブック

❷ 伽倻子のために

レンタル化すら一度もされていない、まさに〈幻の名作〉。

DVDブック

❸ 死の棘

DVDブック

童楽

JazzSpotの物語

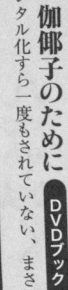

生活が踊る歌

本体 2750円

タロットカード付き！

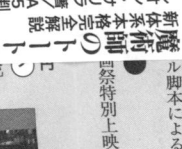

本体 2800円

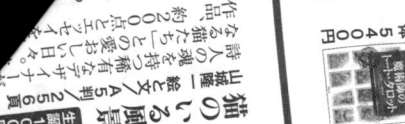

本体 1200円

本体 925円

本体 980円

本体 980円

本体 1050円

2刷

本体 5040円

本体 2700円

2刷

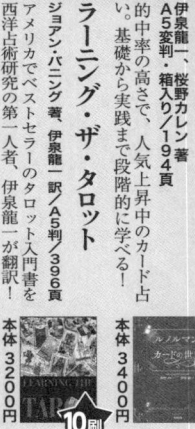

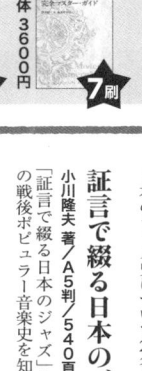
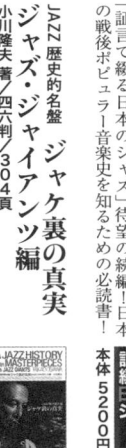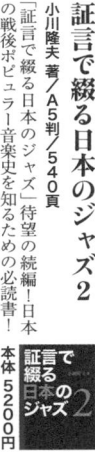

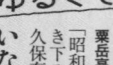

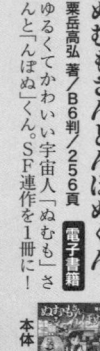

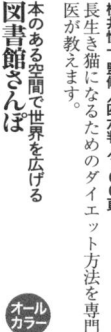

図書案内

2019.10

〈アイコンの見方〉

駒草出版

〒110-0016 東京都台東区台東 1-7-1 邦洋秋葉原ビル 2 階
TEL 03-3834-9087 ／ FAX 03-3834-4508
https : //www.komakusa-pub.jp

for DIY

遺体が酷い状態のときもある

監察医の解剖、警察署はご遺体の扱いがかなり乱暴です。ご遺体はステンレスの台に裸で置かれ、傷の止血がしっかりできていなかったり、糞尿にまみれていることもあります。

棺・浴衣の用意が必要なことも

自治体や引き取る警察や監察医の病院によって引き取りの手順は変わります。東京都監察医務院では、棺と浴衣が必要になります。事前に警察などに問い合わせをしておきましょう。

検案費など別途料金が必要となる場合も

検案費用などがご遺族に請求されます。これも自治体により差があるので注意してください。例えば東京都の場合は公費負担があり無料。神奈川県では最低4〜5万円がかかります。

警察への引き取りはプロに任せるほうがいい

以上のように警察施設からのご遺体の引き取りは、親族の方が自分で行うのは困難です。親族の突然の死だけでではなく、ご遺体の状態でショック症状も引き起こしかねません。また、検案には実費がかかることもあります。葬儀社にお願いするときは不当に高く請求されないように気をつけましょう。

必要になるもの ── 棺、浴衣、棺を載せて運べる車、防水シート、おむつ、死亡診断書（死体検案書）

使い勝手のいいシーツでの遺体搬送

2人でできるシーツでの運び方

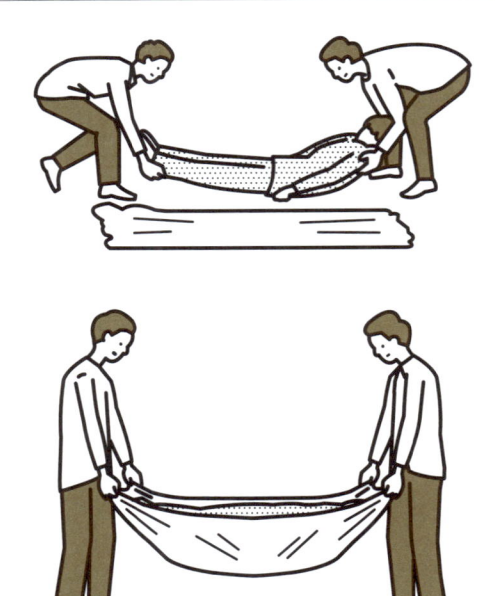

ご遺体の搬送で、費用面、体力面で一番手軽にできるのがシーツもしくは防水シーツの使用です。一般的な体重のご遺体であれば成人男性2人で運ぶことができます。

車に載せるには

車は大型のワゴンなどが適しています。車に載せるときは、頭から入れるように
してなるべく平行を保ちます。車内にゆっくりとご遺体を置き、動かないように
バンドなどで固定しましょう。

階段の上り下りの方法

頭、手足が飛び出さないようにしっかりとシーツで包みましょう。階段の上側の人はできるかぎり持ち手を下へ。階段の下側にいる人は持ち手を上にと、ご遺体が斜めになりすぎないように気をつけましょう。上り下りどちらのときも、ご遺体の頭は上側にくるようにしてください。

遺体の背負い方は生きている人と同じ

階段の幅が狭い場合は、ひとりで運ぶこともあると思います。その場合は、生き
ている人を背負うときと同じようにします。口から水分や体液が流れることもあ
るので、ご遺体を圧迫しすぎないように注意しましょう。

プロから学ぶ葬儀のノウハウ
『搬送手段』

搬送に特化した寝台車の中

近年は屋根が付いた霊柩車はほとんどなくなり、寝台車が多くなりました。後部座席はストレッチャーや棺を入れ、固定できるように改造されています。防水シーツ、納体袋、ゴム手袋、おむつ、エンゼルケアのセットなどが常備されています。

どんな状態の遺体にも対応できるプロの道具

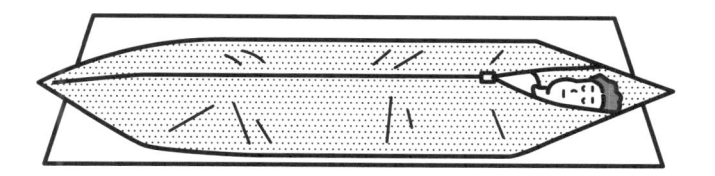

病院で亡くなった場合はそれほどでもないですが、水死体でぶよぶよに膨らんでしまったり、交通事故で酷い状態になってしまったとき、葬儀のプロは納体袋を使用します。

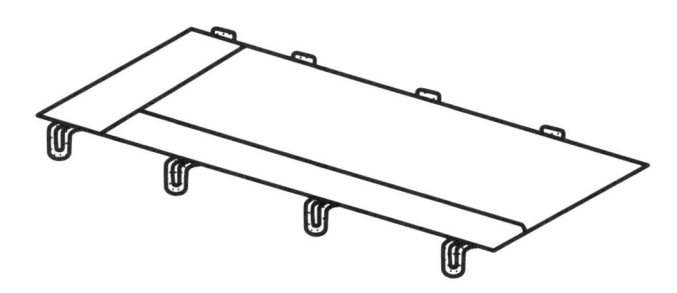

シーツ担架と呼ばれる取っ手付きの担架は、防水性もあり、包み込むこともできるので階段など狭い場所や災害時にも使われます。価格は 3,000 円～ 1 万 5,000円ほどで、このまま納棺することもできるので DIY 葬儀にオススメです。

エレベーターの奥にあるトランクスペース

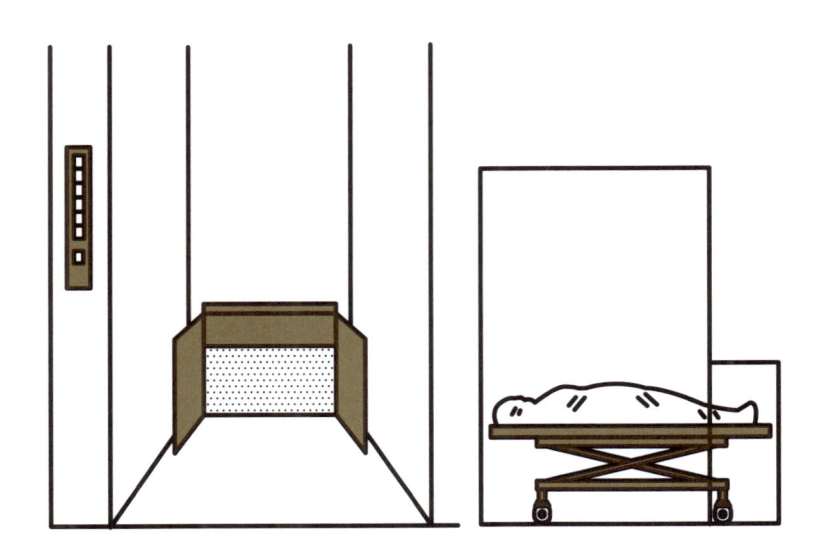

通常のエレベーターは大きいものでも奥行きは約150cm前後です。棺やストレッチャーはそのままでは入りません。しかし、マンションの管理会社などに問い合わせ、トランクスペースがあるタイプならば200cm以上の奥行きになることもあります。DIYで搬送をするには必須の知識です。

ストレッチャーの利便性

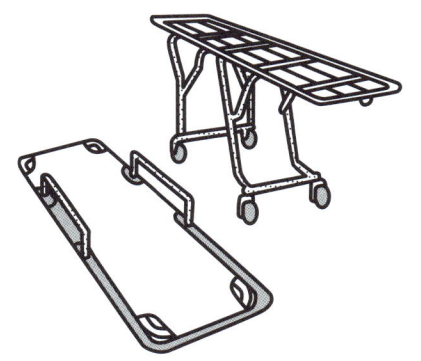

ストレッチャーや担架がそのまま
では入らない場合、60 〜 70 度ぐ
らいの角度を付けて運ぶことがで
きます。ご遺体は動かないように
固定し、頭を上に向けます。

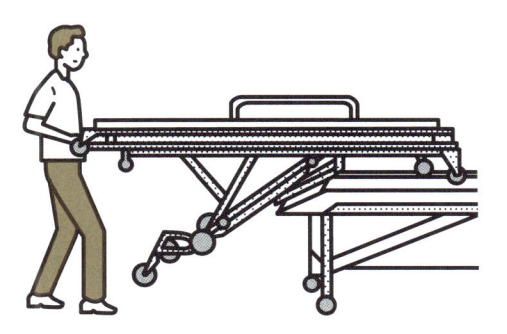

車などに入れやすい
ように脚が折れるよ
うになったロールイ
ンストレッチャーも
あります。これには
固定用バンドがつい
ているので便利です。

亡くなった場所によって搬送方法は変わってくる

⬇

　自宅で亡くなり、安置場所も自宅なら搬送は火葬場までだけ。亡くなった場所が病院や介護施設、自宅であれば、DIYでの搬送は車さえあればそれほど難しくはない。ただし、警察施設からの搬送は素人には厳しい場合が多い。搬送方法をよく考えてDIYを進めよう。

遺体搬送時には白シーツが重宝する

⬇

　遺体搬送のプロたちはストレッチャー、担架、持ち手が付いたシーツなどを利用する。だが、彼らも道具がないときは白いシーツが一番便利だという。成人男性が2名いて、シーツがあれば、巨漢の遺体以外は運ぶことができるはずだ。可能であればシーツは防水のものが好ましい。

搬送時、遺体の頭の位置は重要

⬇

　人間の頭の重さは体重のおよそ10%前後だという。実際にシーツ、担架などで人を運んでみると頭が重いことに気づく。基本的には頭を進む方向、できるだけ上部という意識で動かしていくこと。なるべく揺らさないほうが遺体に負担がかからない。運ぶ人が3人いるなら頭側を2人にしよう。

第4章

安置

ご遺体をどこに安置しますか？
お別れの前、故人に
最後の気遣いをしてあげましょう

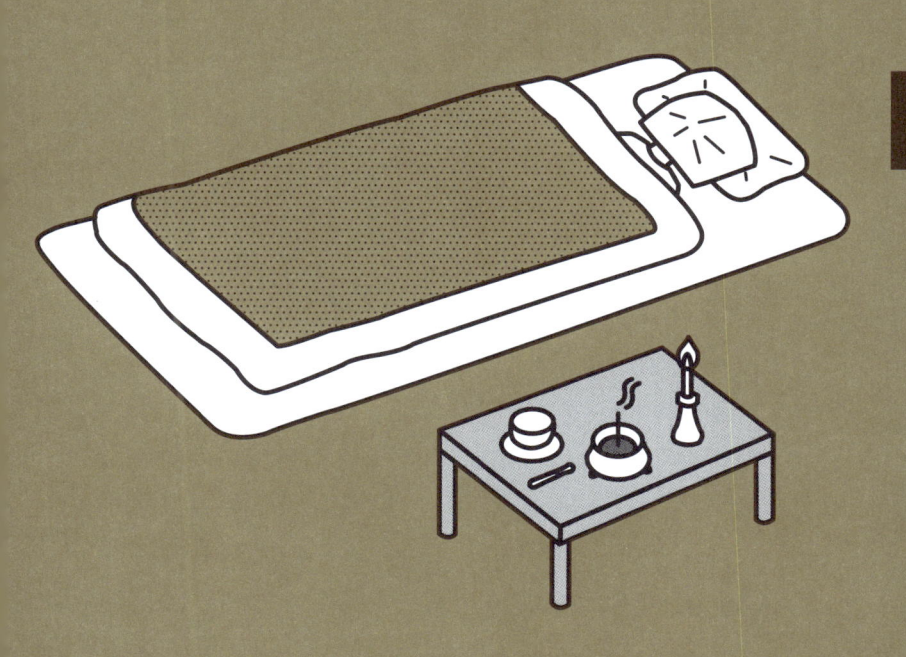

おろそかにできない『安置』のこと

火葬場混雑のため安置期間は長くなってきている

　2018 年、厚生労働省によると日本全国の死亡者数は約 136 万人を超え、戦後最大の人数となっています。それにともない、全国すべてではないですが、特に都市部で火葬場の混雑が問題となり始めました。東京 23 区や神奈川県の川崎市などでは、火葬場の 1 〜 2 週間待ちが常態化しています。しかし、火葬場には、広い土地、高額な建設費用、周囲の住人の理解が必要なため設置が進んでいません。

　亡くなってから、長期間ご遺体を保管するにはどんな場所があるのでしょうか。まず思いつくのが葬儀社の安置施設です。また、斎場・式場には安置所が併設されています。近年は安置専門のご遺体のホテルも開業しています。

　それ以外に昔ながらの手順として、自宅での安置があります。DIY で進めるなら、手間はかかりますが費用が抑えられる自宅安置もひとつの手段です。費用、手間を考慮して一番いい方法を選びましょう。

安置場所による違い

場所	手間	費用	用意するもの	故人との面会
自宅	搬送や温度管理などあって手間大	ドライアイスの費用のみ	ドライアイスや防水シートなど不測の事態への備え	いつでも可能

場所	手間	費用	用意するもの	故人との面会
斎場などにある**安置所**	搬送の手間のみ	火葬場の混雑による（1日×1万円前後）	なし	施設の規約による

場所	手間	費用	用意するもの	故人との面会
安置施設	搬送の手間のみ	安置所と同じ（場所によっては葬儀も行える）	なし（葬儀を行う場合は、その準備）	安置所と同じ

ご遺体の安置には、温度、湿度の管理が重要です。なるべく低い温度の中で寝かせてご遺体が傷まないように保存しましょう。衝撃や温度変化でご遺体から体液などが漏出する可能性もあります。

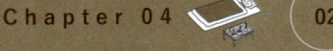
故人の生活の場でもあった
自宅での安置方法

費用は抑えられるが手間も多い

自宅安置の注意点

隣近所への周知

ご遺体の運び入れ、安置、場合によっては弔問客の出入りや僧侶の読経などもあります。周辺の住民の方にひと声かけておきましょう。特に DIY で通夜・告別式などをしない場合、ご遺体の運び込みは誤解を受ける可能性もあります。

ドライアイスの入手と交換のタイミング

ドライアイスは、氷屋で買うことができます。必要な量は保管する期間にもよりますが、一般的に 10kg～15kg、5,000 円から 1 万円ほどです。夏場なら毎日、冬場でも 2 日に一回、なくなる前にこまめに追加するのが基本です。

室温の管理

室温は低いほうがご遺体の傷みが遅いので好ましいです。冬は暖房をほとんどかけず、夏ならクーラーを強めにかけましょう。湿度もなるべく低いほうがいいのですが、ご遺体が乾燥しないようワセリンを塗り込みましょう。

早めの納棺

火葬場へ運び入れる際には、納棺が必要です。枕飾りをして、枕経が終われば、早めに納棺をしましょう。DIY の場合は自宅安置の際に納棺しても問題はありません。納棺することで密閉され、より安全に保管することができます。

遺体はどのような変化が生じるか不明

ご遺体は何も処置をしないと腐敗していきます。皮膚の色は変わり、膨張したり、死斑が出る場合もあります。プロであればある程度の予測はできますが、予期せぬ変化が起きるのがご遺体です。状態のチェックは常に心がけてください。

基本は内臓を凍らせる。ドライアイスの置き方

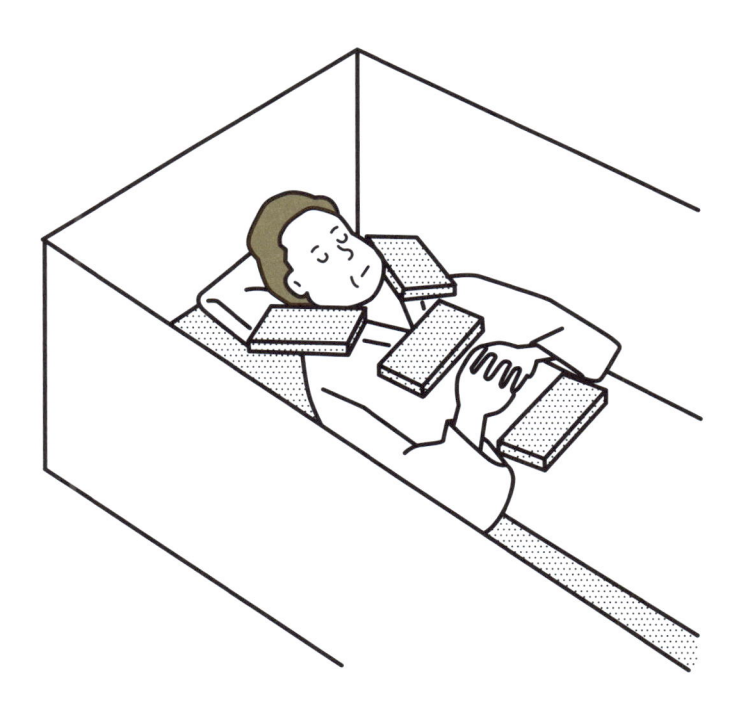

ドライアイスは直接置くと皮膚にくっついてしまったりするので、タオルなどで包みましょう。内臓の腐敗が進まないようにご遺体の左右の首筋に交差させるように2つ、あとは、胸、お腹に置くのが基本です。

変化する遺体の状態について
知っておく

死後硬直について知り、遺体の腐敗を遅らせる

　人は亡くなって、1~2時間ほどで死後硬直が始まります。その後、1日ほどで硬直は一時的に解けます。死の直後か、解けるタイミングが服の着せ替えなど、ご遺体を動かすのに適しています。死後、ご遺体の腐敗は進んでいくので、できる限り早めにドライアイスで凍らせたり、低温で保管できる場所に移しましょう。

死後3〜6時間

死後硬直が始まります。硬直は12時間〜24時間がピークです。同時に体温も下がり始めます。清拭やエンゼルケアも亡くなってすぐ行うのがベストのタイミングです。

死後24〜48時間

死後硬直が解け始めます。硬直したままだと姿勢にもよりますが、納棺するのが困難な場合があります。この頃が身体を動かすのに適した時間です。

死後3日め以降

冷蔵の設備やドライアイスがないと、ご遺体の腐敗は進み続けます。安置期間が長くなるとき、ご遺体の保存状態をよく保つためにもこれらは必要です。

本書をお買い上げいただきまして、ありがとうございました。
今後の参考のために、以下のアンケートにご協力をお願いいたします。

（1）購入された本についてお教えください。

書名：

ご購入日：　　　　　年　　　月　　　日

ご購入書店名：

（2）本書を何でお知りになりましたか。（複数回答可）

☐広告（紙誌名：　　　　　　　　　　　）　☐弊社の刊行案内
☐web/SNS（サイト名：　　　　　　　　　）　☐実物を見て
☐書評（紙誌名：　　　　　　　　　　　）
☐ラジオ／テレビ（番組名：　　　　　　　　　　　　　　）
☐レビューを見て（Amazon／その他　　　　　　　　　　）

（3）購入された動機をお聞かせください。（複数回答可）

☐本の内容で　　☐著者名で　　☐書名が気に入ったから
☐出版社名で　　☐表紙のデザインがよかった　　☐その他

（4）電子書籍は購入しますか。

☐全く買わない　　☐たまに買う　　☐月に一冊以上

（5）普段、お読みになっている新聞・雑誌はありますか。あればお書きください。

（6）本書についてのご感想・駒草出版へのご意見等ございましたらお聞かせください。

（※2）

東京都港区芝浦 3-17-12 吾妻ビル5階
駒草出版 株式会社ダンク　行

ペンネーム

□男 □女 （　　）歳

メールアドレス (※1)　　新刊情報などのDMを　□送って欲しい　□いらない

お住いの地域

都 道
府 県　　　　　　　市 区 郡

ご職業

※１ DMの送信以外で使用することはありません。
※２ この愛読者カードにお寄せいただいた、ご感想、ご意見については、個人を特定
　　できない形にて広告、ホームページ、ご案内資料等にて紹介させていただく場合
　　がございますので、ご了承ください。

駒草出版 株式会社ダンク出版事業部　https://www.komakusa-pub.jp/

遺体にも必要な保湿。
そして清拭のこと

遺族だからこそ、故人にしてあげられることがある

「清拭」 ……………▶ 『アルコール綿で清める』

　依頼する人も少なくなりましたが、臨終後、身を清めるには「湯灌（P88）」が行われてきました。近年では、湯灌の代わりに臨終を迎えた際や納棺のときに清拭を行います。アルコールを含ませた綿で全身を拭き清めます。医療関係者、もしくは葬儀社の方が有料で行いますが、DIYでも難しくはありません。

「保湿」 ……………▶ 『遺体にも必要なこと』

　ご遺体は時間が経つと、思っているより乾燥が進むものです。ケアをしないでいるとガサガサになってしまいます。特に顔や唇は気になる部分なのでワセリンなどで保湿しましょう。

注意すること！

故人に使用したものは必ず処分すること

エンゼルメイクの際、故人に対して使用したものからも感染症などにかかるおそれがあります。なので、故人が使っていたものと同様にすべて処分するようにしてください。

遺体の着せ替えは難しい作業

動かし方のコツと死装束

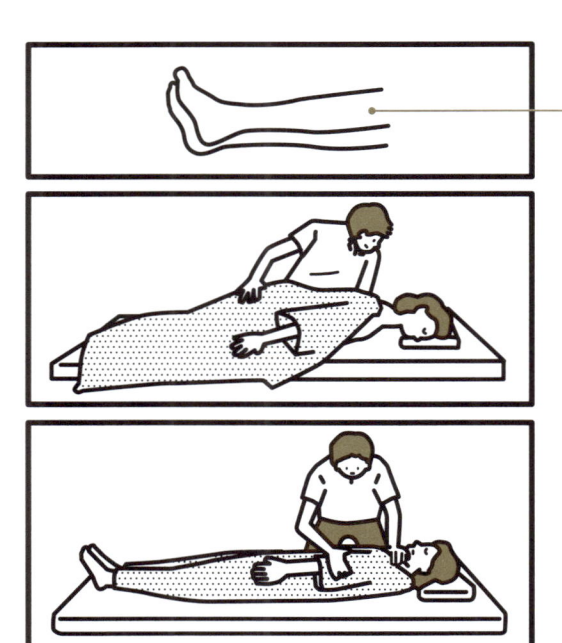

右足

ご遺体の着せ替えには、コツが必要です。イラストに示したように、横になった状態で右足を左足の上に乗せて、身体を左側に押すと、転がしやすくなります。また洋服よりも、白装束などの和服は楽に着せ替えられます。洋服の場合、亡くなってから早めに着せておくほうがいいでしょう。

口を閉じさせるには死後硬直を利用する

口を閉じた状態にして、高めの枕とタオルで固定

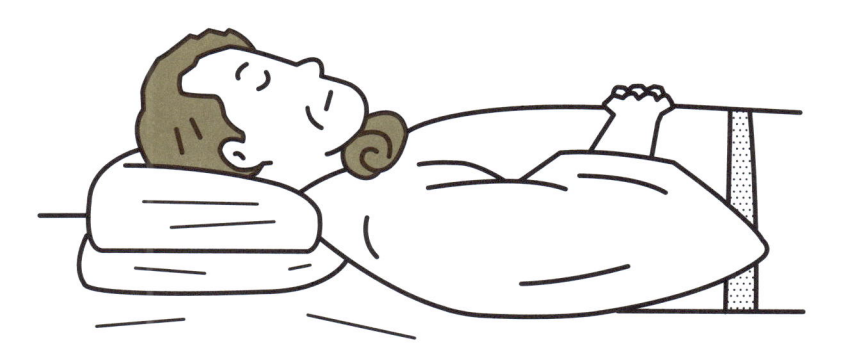

死後硬直が始まると、舌は喉の内側に落ちていきます。枕を少し高くし、丸めたタオルをイラストのように喉に置くと固定されます。ご遺体の口を閉じさせるには亡くなってから数時間以内が一番適切なタイミングです。

第4章・安置

エンゼルメイクで生前の面影を

プロが教える遺体へのワンポイントメイク

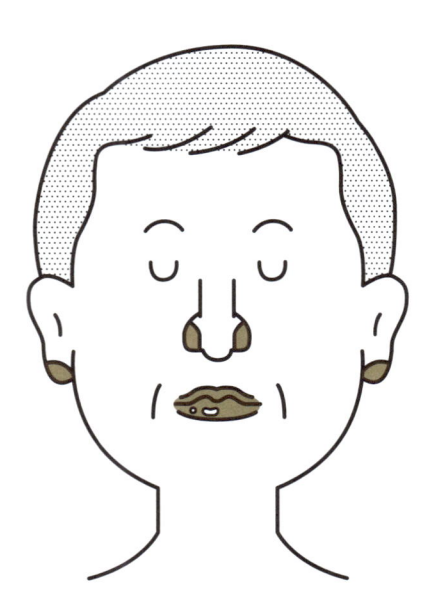

亡くなってからは顔全体の乾燥がひどくなるのでワセリンで保湿してください。
特に唇は多く塗りましょう。また、小鼻と耳たぶの下をチークなどで薄赤くする
と、まるで生きているかのように印象が変わります。

早めの納棺は故人のためにもなる

保冷と腐敗の抑制にも効果がある

　自宅で安置するときは、早めに納棺するのがベストです。火葬場に行くときには棺に納めなければいけませんし、保冷にも役立ちます。棺の中に密閉することでドライアイスの効果は高まります。また、温度湿度が保たれるため、ご遺体の腐敗も遅くなります。エンゼルメイクができていなければ、納棺の際に髪をとかしたり、女性の場合は巻いてあげるのもいいでしょう。そのとき、髪が抜けやすいので注意が必要です。また、肌が収縮するので男性はひげが伸びてきます。電気カミソリではなく、普通の使い捨てカミソリで剃ってあげましょう。故人に気持ちよく旅立ってもらうために必要な準備です。

自宅安置、こんなことにも気をつけて

ドライアイスによる二酸化炭素中毒も

ドライアイスは、使い方を誤ると二酸化炭素中毒を引き起こします。また、直接触るとやけどをし、密閉すると爆発します。気化すると二酸化炭素となり低い場所に集まるので室内で使用する場合は換気が必要です。車の中などの密閉空間では死亡例もあるので要注意です。

第4章・安置

遺体安置施設などの利用も検討しておく

長い安置期間の苦労を軽減する

料金は発生するものの
こんなメリットもある

衛生的に安置ができる

場所によっては葬儀も行える

損傷がひどい遺体にも対応

　章の冒頭でも申し上げたように都市部では、火葬場の混雑により、安置しておく期間が1〜2週間と長くなってきています。安置期間が長すぎたり、搬送経路などの問題で自宅安置ができないときは、葬儀社、斎場、遺体ホテルなどの遺体安置施設を利用することも考えましょう。故人と面会できるかは安置施設によるのでご相談ください。

　費用は、1日5,000円〜3万円ほどと幅があり、葬儀社に葬儀を依頼したときはパック料金に3日分などの安置料金が含まれている場合もあります。遺体ホテルなどのほうが安価な料金の場合もあるので、しっかり確認しましょう。

斎場や葬儀社の遺体保存用冷蔵庫とは

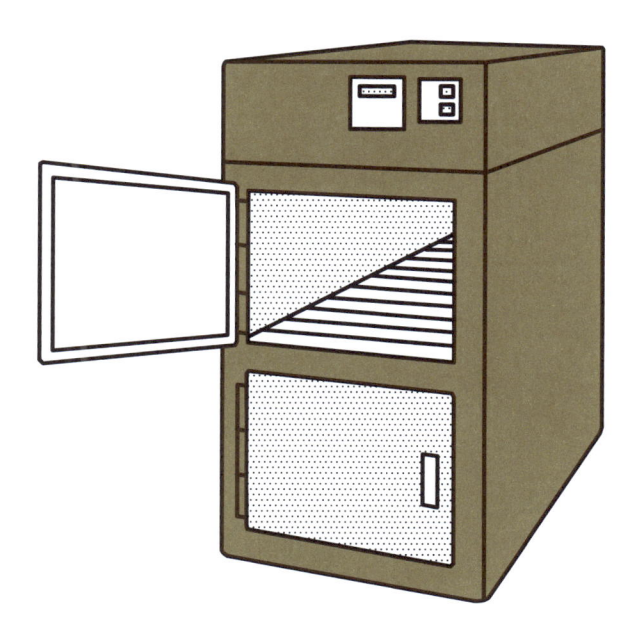

ご遺体を預けるときもさまざまな方法があります。上記のイラストのように複数のご遺体を入れられるものも普及しています。1体ずつ保管できる保冷庫などは斎場、葬儀社に備え付けられていることもあります。遺体ホテルの場合は、部屋全体を冷やして安置し、面会がしやすくなっているのもメリットです。

葬儀社活用時の知識
『湯灌』

身体だけでなく、髪を洗いひげも剃り、死化粧まで

いつ?
納棺前

誰が?
専門業者や葬儀社

斎場や自宅でも可
どこで?

10万円ほど
料金は?

　湯灌は本来たらいにさかさ水（先に水を入れ、後からお湯を入れる）を張り、身体を洗うという儀式です。地方によって違いますが、江戸時代には普及しており、お寺には湯灌場が備えられていました。現在では、専門の業者が湯灌用の浴槽を自宅や式場などに運び込み、スタッフがご遺体の身体を洗います。そのとき遺族も水をかけるなど手伝います。介護サービスのお風呂のイメージです。湯灌を行うのは納棺の前で、湯灌をすると故人の表情もよみがえります。費用は10万円前後ですが、湯灌を選ぶかどうかは遺族の意志に任されています。

湯灌は専門のスタッフが2人ほどで行う

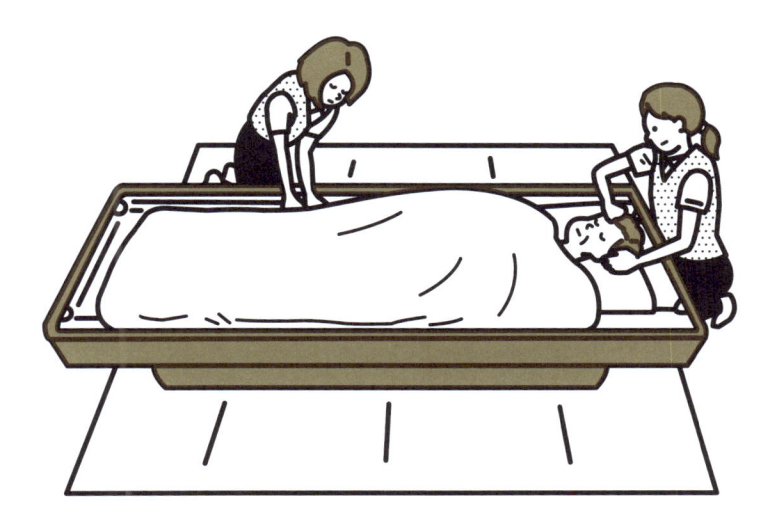

第４章・安置

ご遺体に布やネットをかけ、なるべく肌が露出しないように洗います。洗顔、洗髪、ひげそりもあり、洗い清められた故人の表情は柔らかくなっています。湯灌の後にはメイクを施してくれて、まるで眠っているかのようにも見えます。

プロから学ぶ葬儀のノウハウ『枕飾り』

ひと昔前、葬儀は自宅で行われていた

　葬儀社が行う自宅安置のときは、遺族はお任せするだけで大丈夫です。狭い階段やエレベーターにご遺体が入るかなどは、事前に相談をしましょう。ご遺体を安置するときには枕飾りと呼ばれるろうそく、香炉などのセットも必要ですが、葬儀社の場合はパック料金に含まれていることがほとんどです。枕飾りセットはネット通販でも 8,000 円〜 2 万円ほどで手に入ります。ご遺体を布団に寝かせるときは、防水シーツを敷き、ドライアイスで布団が凍らないようにして、温度に気をつけましょう。

　ひと昔前までご遺体は、自宅で安置することがほとんどでした。その頃の風習では、ご遺体は仏間に寝かせました。北枕、もしくは西枕にして、神棚を封じ、指には数珠をかけ、守り刀を置いていました。また、ろうそくと線香はずっと絶やしてはならないとされています。仏式の場合枕経をあげることもあります。現在では、生活様式に合わせ、最低限の風習を守る程度でも問題はありません。

枕飾りを行うとき

第4章・安置

自宅安置のとき、葬儀社に依頼するとパック料金に入っている枕飾りを施してくれます。DIY葬儀で枕飾りを行うときは、イラストのように、ろうそく、線香、りんを置く程度でかまいません。在宅時は線香を絶やさないようにしましょう。

火葬場混雑を念頭に置き、安置方法を検討

⬇

都市部なら火葬場の混雑状況を最初に確認。安置の日数により、その方法も変わってくる。自宅、斎場の安置所、葬儀社の順で、費用が高くなるので、ベストな選択肢を考えよう。

安置時は早めの納棺が腐敗を遅らせる

⬇

DIY葬儀の安置時は、なるべく早めに納棺をすませる。そのほうが保管もしやすい。きっちりとした葬儀では納棺式もあるが、DIYでは故人が棺に納められていれば問題はない。

遺体にも保湿は必要

⬇

遺体には乾燥が付きもので、何も処置をしないと口の周りなどが褐色に変化する。干からびてしまうと腐敗も進むので、特に顔の周りには多めにワセリンを塗り込もう。

遺体安置にはドライアイスの入手が必須

⬇

ドライアイスは氷販売店で入手可能。だが、近くにない場合でもネット通販で購入できる。季節にもよるが目安としては、1日に10キロ使用すると考えていれば問題はない。

火葬

**最後のお別れのときが火葬です
DIY葬儀もこれでひと段落
火葬について知っておきましょう**

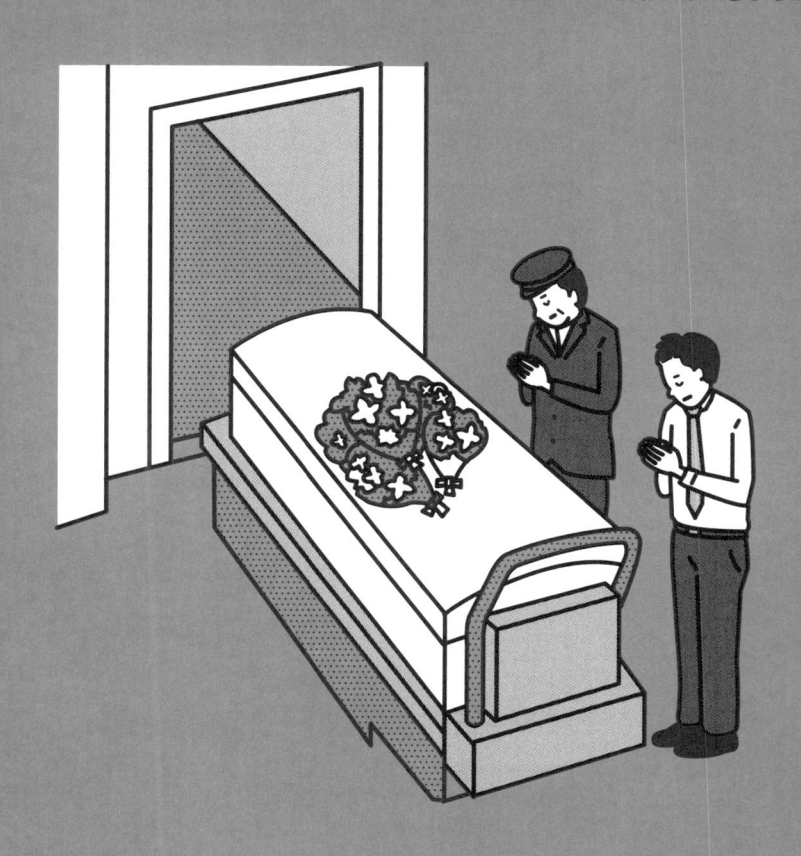

故人と対面できる最後のとき

民営の火葬場は個人での予約NGがほとんど

　DIYで葬儀を進めるにあたり、ご遺体の腐敗処理の次に高い障壁が火葬場の予約です。火葬場のネット予約は、業者向けの事前登録が必要で一般客に向いていません。電話予約が確実でしょう。しかし、自治体によって、個人が予約できるかどうかはルールが定まっていません。全国の実動の火葬場は約1450カ所あり、設置するのは自治体（公営）ですが、指定管理者（民営）に業務を委託するのが近年の流れです。東京23区には公営2カ所、民営7カ所の火葬場があり、民営の火葬場は個人予約ができなくなっています。逆に横浜市の市営斎場では個人での火葬場予約の手順まで説明してあります。DIY葬儀を考えている方は、近くの火葬場に予約ができるか問い合わせておいたほうがスムーズです。

重要！ 個人での予約は、ほぼ公営の火葬場に限られる

火葬場へ向かう、その前に

火葬場への到着は時間厳守

火葬場は常に混み合っていて予約時間に間に合わないと、ほかの方の迷惑になります。もし遅刻した場合は、予約を取り直す事態にもなりかねません。渋滞時の移動時間なども考慮しておきましょう。また、遅刻すると最後のお別れの時間が短くなります。公営火葬場ではお別れの時間がもともとない場合もあります。

遺体は棺に入っているか?

ご遺体は納棺した状態でないと、火葬を受け付けてもらえません。それは DIY であっても同じです。通常は、葬儀社の寝台車、もしくは自家用車で火葬場に正面玄関から入り、係員の指示に従い火葬場の台車へ棺を移します。菩提寺の僧侶が来ていれば、火葬炉に入る際、炉前にて読経を行います。

火葬許可証の携帯

火葬許可証がないと火葬場では受け付けてくれません。法律で定められており、遺体を勝手に火葬や埋葬することはできないようになっています。許可証を火葬場の係員に渡すと、氏名などの確認があります。許可証と引き換えの券などを渡す火葬場もあります。許可証は絶対に忘れないようにしてください。

骨壺は持参か現地購入か?

火葬の後には骨壺が必要です。民営の火葬場では、指定された骨壺を購入させられるところもあります。公営では事前に自分で用意するか、火葬場、葬儀社での購入もでき、まれに火葬料金に含まれることもあります。骨壺の価格は公営では数千円、民営では 1 万円前後から高価なものまで用意されています。

火葬料金はほぼ現金での支払い

火葬料金はほとんどのところが現金しか受け付けていません。葬儀社に頼んだ場合、葬儀代とともに火葬料を一緒にクレジットカードで払いが可能なところもあります。その場合も、葬儀社が火葬代金を現金で立て替えています。ちなみに火葬、埋葬にかかる料金は消費税が非課税です。

要点を押さえたら次ページへ

第5章・火葬

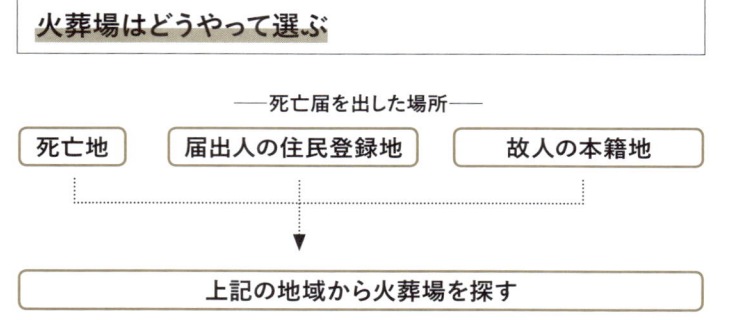

火葬場到着後の流れを知っておく

火葬場はどうやって選ぶ

――死亡届を出した場所――

| 死亡地 | 届出人の住民登録地 | 故人の本籍地 |

▼

上記の地域から火葬場を探す

（公営火葬場では、その地域の住民登録をしていない人は料金は割高に）

　葬儀社に葬儀を頼めば、都合のいい日程、場所の火葬場を探してくれます。自ら探す場合は、亡くなった場所、故人の本籍地、届出人の住民登録地の中から火葬場を探すことになります。その自治体に住民登録がないと火葬料金は割高になります。とはいえ、搬送の手間もあり亡くなった場所から近い火葬場を選ぶのがベターです。一般的に民営のほうが、公営の火葬場より火葬料金が高めに設定されています。そのため公営のほうが人気があり、予約が取りづらくなっています。

葬儀社に依頼した場合の火葬場での流れ

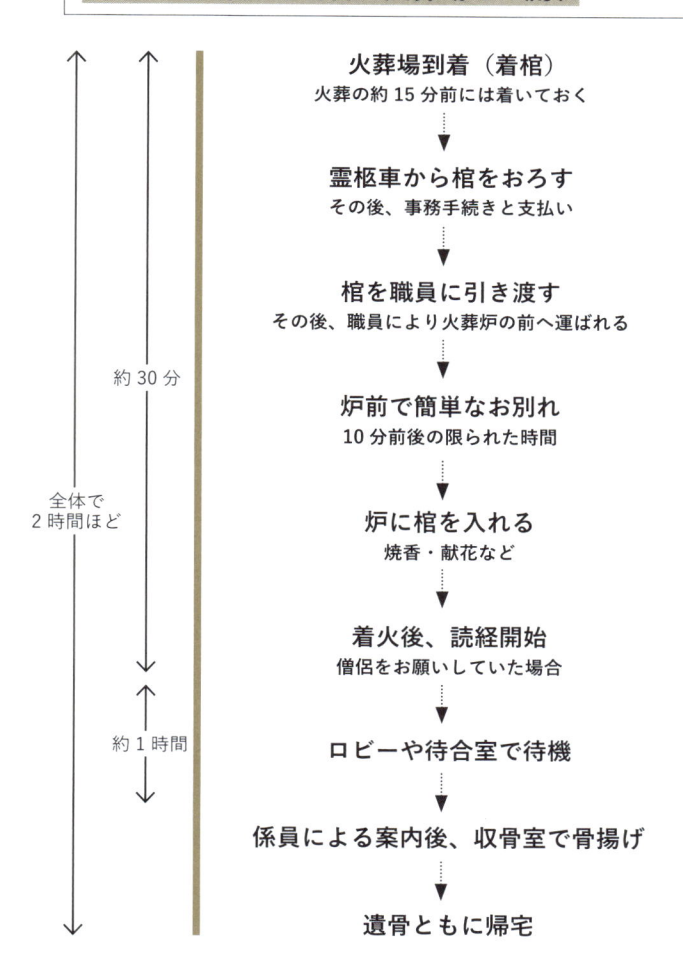

火葬場到着（着棺）
火葬の約15分前には着いておく

↓

霊柩車から棺をおろす
その後、事務手続きと支払い

↓

棺を職員に引き渡す
その後、職員により火葬炉の前へ運ばれる

↓

炉前で簡単なお別れ
10分前後の限られた時間

↓

炉に棺を入れる
焼香・献花など

↓

着火後、読経開始
僧侶をお願いしていた場合

↓

ロビーや待合室で待機

↓

係員による案内後、収骨室で骨揚げ

↓

遺骨ともに帰宅

約30分

全体で
2時間ほど

約1時間

第5章・火葬

火葬場の休業日

多くの火葬場は友引が休業日だが……

友引 とは？

『先勝・友引・先負・仏滅・大安・赤口』という六曜という暦の一種です。六曜は中国で生まれ、日本では江戸時代に流行しました。カレンダーなどで確認できます。

友引は陰陽道で災いが友人に及ぶ方角であり、もともとの漢字は「共引」で、意味は勝負がつかない日とされていました。しかし、いつしか友引に置き換わり、「友を死に引き込む」とされ火葬を行わなくなりました。現在でも火葬場は友引の日を休業日としているところが多くあります。ただし、火葬場が複数ある自治体では、混雑緩和のためにどこかの火葬場が開業しているので、火葬は可能で、午前は予約が取りやすいです。

ここがPOINT

混雑緩和のため、友引営業も増えている

午前の予約は比較的取りやすい

副葬品、入れていいものダメなもの

遺体の燃焼時間に影響を与える場合も

副葬品とは？

故人を弔うため、ご遺体とともに火葬、埋葬されるものです。お墓に入れるものもありますが、ここでは火葬時の副葬品について解説します。

火葬時、棺に入れられるものは、花、綿などの天然素材でできた帽子やハンカチなどの小物、写真などです。入れてはいけないものは、メガネ、腕時計、指輪などの金属、ガラス製のもの、革、ビニール製品など有毒ガスを発生させるものやお金（紙幣・硬貨）です。また、食べ物や書籍、ぬいぐるみも燃えづらいので入れるのはやめましょう。ペースメーカーは爆発のおそれがあるので事前に相談しましょう。

ここがPOINT

**公害の原因になるもの、爆発の危険があるもの、
燃えないものはNG。
火葬炉の故障につながるものもあるので要注意**

大人、子どもで火葬時間は変わる

施設によって火力の違いはある

火葬時間の目安	
大人	約1時間〜1時間半
子ども	約40分〜
赤ちゃん・胎児	約20分〜

　火葬の時間は火葬炉の設備によって違います。最も早いもので40分ほど、長ければ2時間ほどかかります。もちろんご遺体が大きければより長く時間がかかります。東京都の場合では、民営のほうが火葬時間が短い傾向があります。遺骨がきれいに残りやすいのは長く時間をかけたものなので、気にされる方は火葬場に聞いてみてもいいでしょう。また火葬場ではプライバシー保護のため、撮影禁止となっているので気をつけましょう。

ここがPOINT

火葬時間、民営は早く、公営はやや長い傾向がある（東京都の場合）

棺の大きさによる火葬炉の違い

大きな棺の場合は事前の確認が必要

火葬炉に入る棺の大きさ	
大型炉	高さ 60cm・幅 66cm・長さ 225cmまで
通常炉	長さ 195cmまで

（東京都臨海斎場の場合）

　火葬炉には大型炉、通常炉があり、身体の大きなご遺体は大型炉がある火葬場でしか火葬ができません。また火葬場によって、ご遺体を炉に入れる向きが頭から、足からと決まっているところもありますが、DIY のときはそれほど気にしなくてもよいでしょう。通常は、火葬場に棺を運び込んだら台車に載せ換えて、係員が炉前まで運びます。料金が高いからか、公営よりも民営のほうが係員の手伝いなど、融通が利くようです。

ここがPOINT

施設によっては、炉に入れる向きが「頭から」「足から」という違いもある

第5章・火葬

火葬場で心づけは渡すべきなのか

民営の火葬場ではほとんどが受け取っている

心づけって?

心づけは、感謝の気持ちを込めて渡すチップのことです。ただし、ホテルなどではサービス料を追加し、最近は、すたれつつあります。

民営火葬場	公営火葬場
↓	↓
受け取る	受け取らない

過去、火葬場では心づけを暗に要求された

　現在、民営の火葬場では心づけを受け取りますが、行政管轄（公営）の場合は心づけの受け取りを禁止しています。昔は火葬場で働く人は心づけのほうが給料より多いといわれていたそう

渡す相手は?

受付職員、霊柩車などの運転手、休憩室などの配膳係、火夫

です。今でも首都圏の民営火葬場では、心づけを渡さなければ、故人、遺族に対する態度が悪いところもあり、多くの人が渡すことを求められることも。過去には、心づけを渡さないと催促しにくるような状況でした。心づけは1袋3,000円から5,000円ほどのお金を入れ、最低で3袋、多いと5～6袋が必要です。火葬場の事務所、係員、マイクロバスの運転手、寝台車の運転手などに渡します。葬儀社はパック料金となり、金額の明快さを売りにしてからは受け取らなくなってきました。火葬料金が公営では無料から数万円なのに、民営ではかなりの高額です。民営の火葬場を運営する企業は、収益もあげ、職員たちの給与もきっちりと支払っています。そこに領収書も出ない不明なチップを渡す必要があるでしょうか。もちろんご遺族が、火葬場の職員に好印象を受けたときに渡す分には問題ありません。

第5章・火葬

> けっきょく「心づけ」は 必要？ 不要？

本書では心づけを**不要**と考えている

収骨までの間のこと

- ●ロビーなどで待機している場合は無料だが、休憩室などの施設を利用した場合は別途料金が必要
- ●飲食に関して、民営は持ち込みなどが制限されており、施設内の売店にて購入することになる（公営では、喪主側での手配が必要な場合も）
- ●施設により差があるので事前確認は必要

収骨の心得

骨壺には足から頭の順に収めていく

順番は？ 喪主など、故人と縁の深い人から

　火葬がすむと、まず故人のお骨かどうかの確認がご遺族にされます。その後、炉の前に移動し、収骨が始まります。

　竹と木の箸を使い、2人一組となってひとつの骨を拾います。喪主などの縁の近い人から拾っていき、足側から頭に向かって骨壺に入れていきます。大腿骨などは大きいので砕きながら収め、最後に喉仏を入れ、場合によっては、お骨の上にメガネや入れ歯を置きます。東日本では骨壺が大きいのですべての骨を収骨しますが、西日本では一部を収骨して、残りは火葬場が処分します。

東日本	西日本
↓	↓
全部収骨	**一部収骨**

骨揚げは2人でひとつのお骨を拾う

収骨（骨揚げ）が終わると骨壺は白い布で包んで、箱にしまいます。そのときに係員が「埋火葬許可証」に印を押したものを渡してくれるのでなくさないようにしましょう。

民営火葬場は個人での予約が NG

⬇

東京都の場合、民営の火葬場は個人での予約を受け付けていない。ほかの都道府県でも公営のほうが個人予約を受け付けてくれる可能性が高い。事前に調べておきたい。

通常、友引は火葬場の休業日

⬇

火葬場は連日フル稼働だ。火葬場で働く人のためにも友引は休業日となっている。だが、近年「友引」を避ける人も少なくなってきたので、開業する自治体も増えている。

火葬場職員への心づけは不要

⬇

心づけは不要と本書では考えている。近年は受け取らない火葬場も増加しているし、感謝の気持ちを伝えたいなら、お金ではなく言葉と菓子折り程度でいいのではないだろうか。

火葬場によっては
骨壺を購入しなければならないことも

⬇

こちらも主に東京都の民営の火葬場が該当する。ほかの都道府県では公営火葬場の数のほうが多く、骨壺の強制購入は見られないことが多くなっている。予約時の確認は必須。

第6章 納骨

**遺骨の供養には
いろいろな形態が出てきています
誰もが気になる問題ではないでしょうか**

最近の納骨事情

以前とは形態も変化してきている

　2018年の日本全国の死亡者が戦後最大の136万人を超え、今後も2040年までは死亡者が増加し続ける予測です。それを踏まえ、都市部では公営の墓不足が問題となっています。一方、散骨、手元供養などのお墓自体を希望しない人、樹木葬や永代供養などの合祀を望む人も確実に増えています。ここでは納骨には、どのような種類、方法があるのか詳しくみていきましょう。まず、イメージしやすいのは従来型のお墓です。菩提寺や霊園といった民営の墓地、もしくは自治体が用意する墓地に石のお墓を建てるのが一般的です。お墓を持たない方法には、上記の散骨、樹木葬、手元供養、納骨堂への合祀などがあります。

お骨は墓に埋蔵しなければいけない？

入れなくてもOK

遺骨に関する法律には「第4条　埋葬又は焼骨の埋蔵は、墓地以外の区域に、これを行ってはならない。」とあります。これは定められた墓地や霊園、納骨堂以外に埋めてはならないということになります。個人の自宅に骨壺に入れたまま保管することは問題ありません。

供養形態の概略図

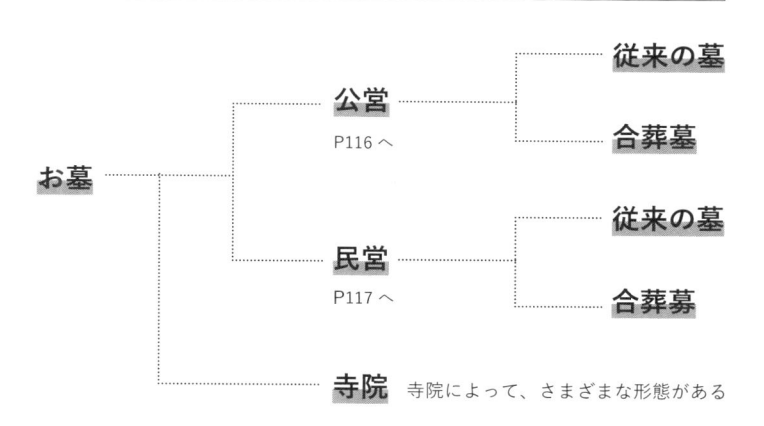

お墓
- 公営 P116 へ
  - 従来の墓
  - 合葬墓
- 民営 P117 へ
  - 従来の墓
  - 合葬墓
- 寺院　寺院によって、さまざまな形態がある

散骨
- 海洋散骨 P124 へ
- 陸地散骨

遺骨の一部を散骨し、
残りを納骨する場合もある

樹木葬 P127 へ
- 個人の墓標があるもの
- 合祀のもの

手元供養 P118 へ　遺骨を自宅に置いての供養

納骨堂 P113 へ　民営・公営などにもある

納骨に関する疑問を解決

お墓への納骨。期限はあるのか?

納骨は一般的には四十九日に行う

その他、百か日法要、一周忌、三回忌などにも

　納骨をする時期は自由です。仏式葬儀では、四十九日が一番
多いですが、一周忌、三回忌まで手元にお骨を置いている方も
います。キリスト教では葬儀の1カ月後が納骨の日とされます。
納骨の際、僧侶を呼び納骨式を行うことがあります。

費用はどれくらい必要なのか?

約1万円〜数万円 (石材店などに依頼した場合)

その他、墓誌などの彫刻費用が5万円前後

　もともと先祖のお墓と菩提寺がある方ならば、納骨式をする
ことになると思います。その際、菩提寺の僧侶へのお布施とし
て数万円は必要となってきます。ほかに、お骨を入れる作業を
石材店などに依頼すれば数万円の費用がかかります。墓誌など
に彫刻するなら5万円ほどの費用も発生します。

永代使用料と永代供養の違いとは?

永代供養とは、本来その寺院が続く限り供養を行ってくれる制度ですが、その意味は薄れてきています。もともとは寺院に1回限定の永代使用料＝永代にわたり土地を使用する権利料を払い、お墓の継承者が毎年管理費を支払っていました。

現在では、寺院、霊園、納骨堂の永代使用料に33年などの期限が付けられています。永代といいながらも何代にも受け継がれてはいません。これは管理者が少なくなったことも影響しています。代わりに永代供養料＝永代使用料＋一括で33年分の管理費という言葉が生まれています。契約の際はどちらの意味かよく確認しておきましょう。

墓を持っておらず、新たに作る費用は?

100万円〜200万円ほど （地域によっての差はある）

※葬儀社経由で頼んだほうが安くなることもある

自分の代でお墓を作るには、まずお墓の土地を借りる永代使用料が30万から100万円ほど必要となります。そこに建てる墓石は別途100万〜200万円ほどです。信頼できる葬儀社・寺院があれば、手数料を取らず安い石材店を紹介してくれることもあります。

家族墓と合祀墓の違いとは?

　お墓には、家族墓と合祀墓（合葬墓、集合墓）があります。違いは納骨した後に、特定の故人の遺骨が取り出せるかです。合祀してしまって取り出せない場合は改葬もできません。

　お墓はもともと個人墓といい、ひとりにつき1基を建てていました。しかし、土地・墓石の費用面もあり、○○家代々といった家族墓に変化してきました。家族墓は個人で借りた敷地の墓石のカロートにひとりひとりの骨壺がわかるように納めます。

　また納骨堂などは共同墓とも呼ばれます。こちらは個人の敷地はありませんがひとりひとりの骨壺がわかるように納められています。

　一般的な家族墓とは別に合祀墓があり、ほかの人の骨と一緒に合葬されます。後からひとり分の骨は取り出せません。

　樹木葬なども個人型と合祀型があります。将来的に、お墓の継承者が途絶えることはないのかなど、先を見通してお墓の選択をすることが大切になってきます。

合祀墓の場合

遺骨は取り出せない　　　改葬はできない

納骨堂とはどういうもの?

納骨堂は大きく3つに分けられる

菩提寺にある納骨堂
公営・民営霊園にある納骨堂
マンション形式の納骨堂

　納骨堂とは、お骨を骨壺に入れ安置する場所です。こちらも骨壺をひとつひとつ安置するところと合祀してしまうところがあります。後者はとても安価で数万円から永代供養ができます。費用には永代供養料と呼ばれる場所代と毎年かかる管理費が必要です。最近は「永代供養料込み」と宣伝し、先に約30年分の管理費を払い込ませるパターンもあります。あくまでも目安ですが、永代供養料が50万円から100万ほど、年間管理費は5,000円から3万円ほどが一般的です。

　納骨堂は、大きくわけて3種類。菩提寺、公営・民営の霊園、都会のマンション形式があります。先祖からの付き合いがあるなら菩提寺の納骨堂もおすすめです。公営・民営霊園については詳細がP116にあります。都心のマンション型は趣こそありませんが、墓参りの際、バリアフリーで利便性が高いです。

お墓への納骨はどのように行うのか

個人で納骨はできるものの……

個人で納骨してもいいものなのか？ ━━ 手続きを踏めば可能

骨壺はどこから入れる？ ほとんどの場合、拝石が
カロート（納骨室）の蓋になっている

　納骨とは、お墓に骨を入れることです。菩提寺、霊園などに納骨する際は、まず日程を話し合いましょう。納骨式を行うなら、僧侶の入魂供養、また墓誌に彫刻するなら石材店にも連絡が必要です。当日は埋葬許可証を忘れないようにしてください。お墓は手前の拝石が蓋になっていて、動かすことでカロートが見えます。力のいる作業で危険もあるので石材店の方に手伝ってもらうほうがベターです。自力でもできないことはありませんが、その場合も寺院、霊園などの管理者に連絡をしておきましょう。くれぐれも注意が必要です。

注意！ 個人での納骨を禁じている霊園もある。
また、危険を伴う作業でもあるので、業者へ依頼するほうがよい

お墓、各部の名称

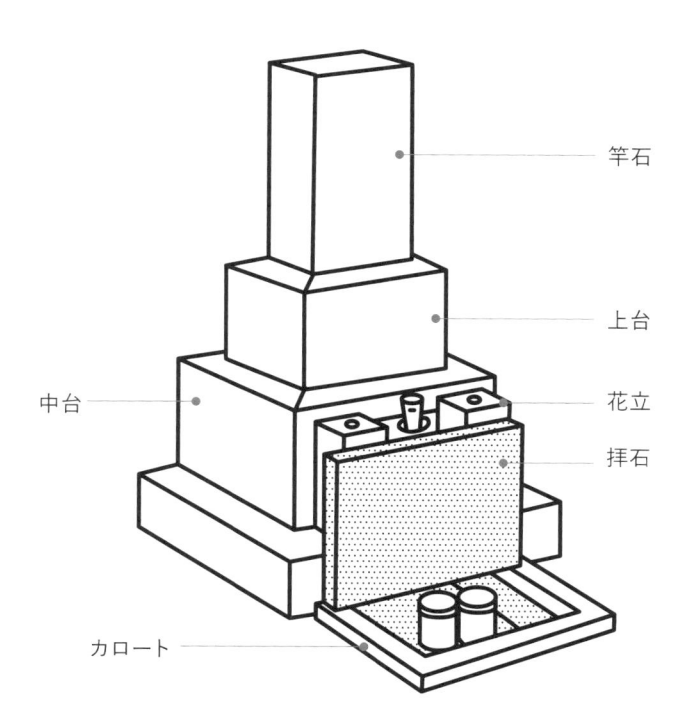

竿石

上台

中台

花立

拝石

カロート

お墓の中心にある○○家の墓などと書かれる石を竿石と呼びます。その下の部分を上台、土台になっている部分は中台です。手前に花立があり、その前に拝石があります。カロートは、地下かもしくは地上部分に作られます。

公営霊園のメリット・デメリット

管理料などは割安だが競争率が高い

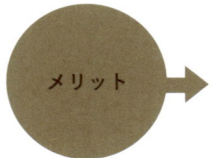

メリット ▶
宗教的な制限がない
費用が民営よりも割安である
石材店の指定がない
経営が安定している

競争率が高く、抽選に当たりづらい
ルールが多い
遺骨がないと入れないところもある
自治体居住者であることが条件
◀ **デメリット**

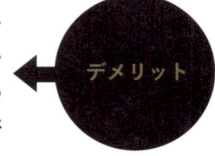

　墓地には公営や民営の霊園、宗教法人の寺院墓地があります。まず都道府県などの自治体が管理する公営霊園を説明します。宗教や宗派を問わず、管理料も安いために人気が高く、当選しづらいというデメリットがありますが、出入りの石材店はなく、自由に決められます。ただし、住民のみの利用や遺骨が手元にないと応募できないなどの規則があるので確認が必要です。自治体なので突然閉鎖されることはありませんが、永代使用といっても期限があるので更新の条件も知っておきましょう。

民営霊園のメリット・デメリット

設備は充実しているものの管理料がやや割高

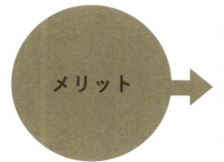

メリット →
宗教的な制限がない
生前でもお墓の購入が可能
設備などが充実している
墓石のデザインなどが公営よりも緩やか

管理料などがやや割高である
石材店を指定されることがある
土地が不足してきており、郊外に多くなっている
霊園の倒産がないわけではない
← **デメリット**

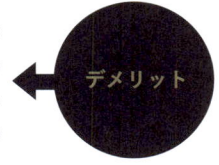

　公益法人や宗教法人の寺院が管理運営するのが民営霊園です。宗教法人の墓地は宗教制限、つまり檀家になることを求められますが、民営霊園は宗教による制限がありません。生前でもお墓の購入が可能ですし、区画や樹木葬などの選択肢も豊富で、墓石なども自由にデザインできます。住んでいる場所による申し込みの制限もありません。ただし、出入りの石材店業者を指定されることもあります。また、霊園が経営不振での倒産の可能性があります。事前によく調べましょう。

第6章・納骨

お墓を持たない手元供養という選択

自宅に遺骨を置いている人も増えている

| 【全骨安置】
遺骨のすべてを安置 | 【分骨安置】
遺骨の一部を安置 |

上記の2つの方法がある

メリット ━ 圧倒的な費用の安さ・故人を身近に感じられる

デメリット ━ 残された人や周囲の人の負担になることも

　お墓を持たない方やお墓が遠くて行けない方などの増加とともに自宅にお骨を置く、手元供養が広まってきました。大きく分けて、遺骨の全部を置くか、一部を置くというものがあります。遺骨を置く場所は、過去には仏間でしたが、今は生活の邪魔にならない場所であれば、家の中のどこでもかまいません。湿気が多いと思われるところや、温度変化の激しい場所に置くことは避けましょう。最近は、仏壇の中に骨壺を収容できるものも売られています。また、お骨を加工し、ペンダントや陶器、焼き物などにするサービスも人気が高まっています。

『改葬』について知っておくべきこと

改葬とは？

簡単にいうと……
埋蔵した焼骨を他の墳墓又は
納骨堂に移すこと

（墓地、埋葬等に関する法律より）

　現在お墓に入っている骨を、別のお墓や納骨堂に移すことを改葬といいます。いわばお墓の引っ越しです。墓地が現在住んでいるところから遠いときやお墓を継ぐ人がいないときに行われます。やり方は、まず新しいお墓の管理者（寺院・霊園）から受入証明書をもらい、現在のお墓の管理者に埋葬証明書を発行してもらいます。その後、現在のお墓の自治体から改葬許可証を発行してもらい、お墓から骨を取り出します。最後に、新しいお墓に移します。菩提寺があるなら、お墓から出すときに御魂抜き、新しく入れるときに開眼法要を行います。

注意! **改葬を行うには市区町村長の許可が必要**

第6章・納骨

近年、増えている『墓じまい』

その進め方と手続きなど

『墓じまい』とは？

墓石を撤去、更地に戻し永代使用権を返還すること

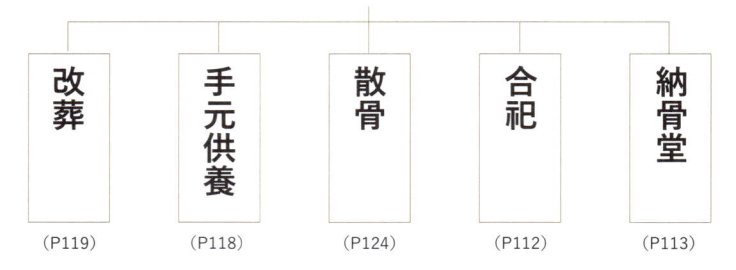

墓じまいの後、お骨は？

改葬	手元供養	散骨	合祀	納骨堂
（P119）	（P118）	（P124）	（P112）	（P113）

　「田舎のお墓が遠くて管理できない」「継ぐ人がいないからお墓を終わらせたい」。そんな人が多くなり「墓じまい」の件数が増加傾向にあります。「墓じまい」とは寺院や霊園などの墓地の墓石を撤去し、永代使用権を権利者に戻すことです。その後、お骨の改葬や、合祀などをします。

——どういう手続きが必要なのか——

現在の墓地の管理者への連絡・相談

お墓のあるお寺や霊園に「墓じまい」を相談しましょう。お寺の場合「閉眼供養」や「納骨堂への合祀」をすすめられ、お布施に3万〜10万ほどかかります。宗教が関係ない霊園では撤去費のみ必要となります。

▼

別の霊園、納骨堂、他霊園での合祀など

現在お墓のある自治体への改葬許可申請を行う

改葬の際は、現在お墓のある自治体に「改葬許可申請書」を提出します。ただし、提出する際には、お墓を移す先の「受入（使用）証明書」が必要です。墓じまいの後には、お墓の引越し先（改葬先）である寺院、霊園に「改葬許可証」を提出し、改葬を終了します。このときに寺院では、「開眼法要」や「納骨法要」を行い、お布施が1万円〜5万円ほどかかります。霊園で僧侶を呼ばない場合、お布施は必要ありません。

散骨や手元供養 ◀

▼

お墓のある自治体への届け出は不要な場合も

散骨、手元供養をするには特に自治体に申請書などは必要ありません。現状法律でグレーゾーンなので、改葬許可証を「自宅保管」にして提出すると受け付けてくれない自治体もあります。注意しましょう。

POINT

お墓や納骨堂などに改葬するときは……

改葬申請時、
改葬先の証明が必要

[相場として 10万円／㎡ といわれている]

※面積に加えて、お墓の造りなどによって変わってくる

　墓じまいをして、墓地を管理者に戻すときには、更地にすることが求められます。具体的にはお墓から遺骨を取り出し、墓石と花入れなど付属するものすべてを責任を持って撤去します。そのための費用はおよそ 1㎡あたり 10 万円とされています。

　お墓の面積を表す単位に 1 聖地があります。1 聖地は 90cm × 90cm ＝ 0.81㎡です。またお墓の 1 坪は一般的な 1 坪（約 3.3㎡）と違い、約半分の 1.8㎡を指します。平均的には、2 聖地〜 3 聖地で 1 坪が使われることが多くなっています。

　ただし、これは近年の傾向で、ひと昔前に建てられた墓は、3.3㎡以上あり、都市圏以外では 10㎡以上のことも珍しくありません。それゆえ、墓じまいには撤去費だけで、30 万〜 100 万円程度かかります。また、道路から遠く重機が入れない墓地であれば、手作業になり追加料金がかかります。

　菩提寺などでは指定された石材店があるかもしれませんが、こちらも葬儀社と同じく、相見積もりを取り、しっかりと業者を見極めましょう。

墓じまい、揉め事に気をつけて

　そもそもは、継承者が管理をしやすくするために行う「墓じまい」ですが、思わぬトラブルを呼び込むことがあります。最も多いのは普段はお墓の管理もしない親族が文句をいってくることです。親族とは費用の分担なども話し合い、最終的にはお墓の継承者が意思を決定しましょう。ほかにも、墓地を管理する寺院が、高額の離檀料を要求してくることもトラブルのひとつです。また、お墓を処分する際に、寺院出入りの石材店を利用すると、一般的な撤去料より、高めの請求がくる場合もあります。くれぐれも注意しましょう。

菩提寺にお墓がある場合→ハードルが上がることも
離檀料や閉眼供養料が必要に!?

　改葬の際、菩提寺に発行してもらう「埋蔵・収蔵証明（遺骨が埋葬されているという証明)」が必要です。これを盾に「離檀料が300万円かかる」などと要求する寺院もあります。また閉眼供養料もお布施ですが高額請求するケースもあります。最悪の場合、弁護士に相談しましょう。

菩提寺との事前の相談が大切

自然に還る、海洋散骨のこと

散骨する地域とのトラブルは絶対に避けること

海洋散骨時の注意点

・散骨場所での自治体のレギュレーションを順守

・人骨とわからないように細かく砕く

・海洋汚染を招くおそれのある副葬品に注意する

・散骨場所の周辺住民への配慮を怠らない

・海上なので、天候などの安全面に注意する

　1991年、違法と受け止められていた散骨を「葬送の自由をすすめる会」が相模灘で行い、以後、次々と散骨が解禁されました。なおこの会だけで現在までに3,000人以上が散骨され、ほかにも多くの業者が散骨を行っています。また、「墓じまい」をして散骨を希望する人も増加傾向にあります。費用は5万円〜50万円ほどです。業者は骨を2ミリ以下に砕き、散骨する自治体の条例に従っています。DIYで個人が散骨するのは、法律的にも問題が残ります。他者への配慮と綿密な計画が必要です。

料金について

・散骨を専門業者に依頼 → 数万円～

数万円から5万円ほどの費用だと、遺骨を渡すと業者が海（公海）に散骨に行くコースです。その後、手紙と緯度経度などが記された写真が遺族に送られてきます。20万円以上を目安に遺族同伴でチャーターした船の合同散骨となります。

・粉骨のみを専門業者に依頼 → 1万円前後～

散骨をする際には、遺骨を2ミリ以下にしないと罪に問われることがあります。DIYでもできないことはないですが、かなり根気のいる作業です。粉骨専門の業者もあるので、依頼しましょう。費用は骨壺1つで1万円前後から3万円ほどです。

※個人ですべて行う場合、沖に出る際は船をチャーターするなどの費用もかかる。地域によって差があるので事前の調査が必要となる

トラブルを避けるためにも
専門業者への依頼が安心である

最近では「宇宙葬」「バルーン葬」などもある

　散骨は国内外の海上だけではありません。遺灰をカプセルに詰め、宇宙空間を漂わせる宇宙葬があります。現在は一般人でも申し込むことができますが、高額で100万円から250万円の費用がかかります。バルーン葬は大きな風船の中に遺骨を入れ、飛ばします。風船は空に向かって上昇し、高度30キロ～35キロ地点の成層圏で爆発し、散骨されます。料金は25万円ほどです。

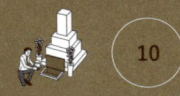

散骨前に必要な粉骨方法

人骨とわかる状態では散骨できない

手順

・**異物（金属など）を取り分ける**

↓

・**脆いものは手作業で可能な限り細かく砕く**
（厚手のゴム手袋などを着用する）

↓

・**手作業で無理なものは木槌などで砕く**
（布袋に入れるなどして、飛び散らないようにする）

↓

・**入手しやすいすりこぎで根気よく粉状にしていく**
※お墓から取り出した遺骨は湿気を帯びているので、十分に乾燥させてから作業に入ること

　遺骨には棺を留める金属などが入っています、磁石や目で見て取り除いてください。ケガをしないようゴム手袋を着用し、手で骨を崩します。ふるいにかけ、大きい骨は乳鉢などで潰します。粉状になるまで4〜5時間ほどです。お骨の容積はおよそ1／4ほどになります。

 POINT **精神力・根気のいる作業なので専門業者に依頼する方法も**
（郵送で受け付けてくれるところもある）

樹木葬や山林などへの散骨について

樹木葬とはどういうものなのか

樹木葬とは	樹木を墓標とする（樹木以外の墓標があるところも）
形態	散骨か骨壺に入れて埋蔵
種類	個別・集合・合祀などがある
費用	約 10 万円〜 100 万円程度

　樹木葬は、墓石の代わりに樹木を墓標としています。遺骨を区切った場所に埋める個別方式、遺骨を合祀する方式など、さまざまです。21 世紀に入り、自然葬が注目され、広まってきたものです。もともとは民営霊園が集合での合祀、個人区画などで行っていましたが、2012 年には東京都の小平霊園でも樹林墓地の募集が始まりました。樹木葬という名称で早とちりして、自宅の庭の木の下に遺骨を埋めると法律に触れます。現状は霊園、寺院だけに制限されています。私有地や国有地の山林、海、自宅の庭などに散骨するのは、実は今の法律ではグレーゾーンです。自然葬が増加する今、国の法整備が待たれます。

納骨は通常四十九日に行われている

↓

　納骨は仏式葬儀では一般的に四十九日に行うが、一周忌や三回忌でも問題はない。納骨の際は埋火葬許可証を忘れないこと。菩提寺の場合は納骨式で読経することもある。実際にお墓に骨壺を入れるときは石材店に依頼するのがよい。費用はお布施、彫刻料など数万円が必要。

散骨する場合は、業者の利用がオススメ

↓

　地域で散骨に関する条例を定めているところは少ない。かといって、今のところ個人で散骨をするのは法律的に問題が残る。遺骨も2ミリ以下にしなければならず、勝手に海や山に埋葬することはできない。できることなら専門業者に相談したい。自宅の庭に遺骨を撒くのは厳密には法律違反である。

墓じまいを行うとき、その手続きを理解しておく

↓

　墓じまいを決意したときは、ひとりで進めることはせずに親族に相談し同意を得るようにすること。後々のトラブルを避けるためにも必要である。菩提寺があるのならば僧侶、霊園などであれば管理者にも話をしなければならない。最後に行政的な手続きをすませてから臨みたい。

第7章

僧侶・法要

**僧侶や法要などについて
知っているつもりでいませんか?
もう一度、見直してみましょう**

DIY葬儀とお寺の関係

僧侶・お寺はどういう対応をするのか

「檀家がDIYで葬儀をすませた」

　檀家が DIY 葬儀や直葬をした、もしくは葬儀を行ったが僧侶を呼ばなかった場合、僧侶側の立場からいうと、檀家であってもお墓に骨を入れさせません。もし入れたいのであれば、葬儀を一からやり直すことになります。後ほど詳しく説明しますが、葬儀には故人を仏の道に導く「引導」という意味があります。そのためにも「葬儀式」が必要となってくるのです。

「DIYですませたので、お経だけ頼んだら?」

　菩提寺がある場合は上記のような対応になりますが、ない場合は事前に近くのお寺に相談してみましょう。お骨を持っていけば葬儀を行ってくれる場合もあります。ネットでの僧侶の手配やネット葬儀社の紹介は避けたほうがいいでしょう。中には無資格のお坊さんがいることもあります。お寺を持つ住職のほうが信頼できるのではないでしょうか。

葬儀の場で僧侶は何をしているのか

Q お葬式での僧侶の役割って?

A 葬儀式の場で道を示してくれること

告別式は別れを告げる式として、明治時代に中江兆民が無宗教葬で始めたものです。仏教でいう葬儀とは、葬儀式を略した言葉です。葬儀式で一番重要なのは「引導を渡す」こと。故人が迷わないための道しるべになり、そのための戒律を授けます。仏教の宗派によって違いますが引導を渡すための資格が必要なこともあります。また、戒名とは仏の弟子になるための名前で、僧侶は仏の代理人となり、戒名を付けます。それゆえ、戒名をもらったときからお寺が続く限り永遠に供養をしてもらえるのです。あくまでも師匠から付けてもらう名前なので、自分で戒名を付けるのは間違いです。僧侶は葬儀にお経を読むためや故人にお別れを告げにきているのではありません。故人が迷わず成仏できるように導いているのです。

第7章・僧侶・法要

お布施は本当に
『お気持ち』でいいのか

Q お布施とはどういうもの？
いくらでもいいものなのか……

A 実のところ、相場はあるようですが……

お布施に関してはいただくものなので、僧侶の側からは何も
いえません。金額を口にした時点で、それはお布施ではなくな
ります。ただ、地域やお寺の格によって違いはあります。それ
はネットで検索しても出てきません。葬儀社に相談してもいい
ですが、その場合は葬儀社が手数料を持っていくこともありま
す。お布施の値段は本来公開されるものではないですが、無理
やり規定するとなると葬儀一回で、約20万円から40万円ほ
どとなります。値段が高くなれば、お通夜や火葬場へも僧侶は
ついていきますし、お経を読む僧侶の人数も変わります。本当
にお金がない場合は菩提寺に相談してみてください。心ある僧
侶の中には檀家の経済状況を推し量って、お布施をすべて香典
として置いていく方もいらっしゃいます。

お寺との関係、実はとても大切なこと

Q 檀家ってよく聞くけど……

A あるお寺の信徒になって、布施などを渡し葬式・法要などを行ってもらう家

　檀家とは決まったお寺の支援をする家のことです。その家は特定の寺院に所属し、葬儀、供養などを行った際にお布施を渡します。この制度は江戸時代、キリシタン弾圧の影響で起こった寺請制度から始まっているとされています。仏式の葬儀を行うのであれば、檀家になり、菩提寺にお墓を持つのが一番正しい方法です。将来、自分の子どもがお墓の世話をしないときでも、お寺がちゃんと面倒を見てくれます。お墓の管理料もそれこそお寺によりますが、年間数千円から数万円と霊園より廉価な場合もあります。もし菩提寺が現在住んでいるところから遠くても、問い合わせれば近くの寺を紹介してくれるはずです。本書の目的であるDIY葬儀をするのであれば、先祖代々の菩提寺とは一生決別する覚悟を持たないといけません。

第7章・僧侶・法要

葬儀時の大きな悩み
『戒名料』のこと

Q 戒名の値段を教えて。また、自分で付けてもいいの?

A 本来、戒名は僧侶から授けてもらうもの

戒名料に関しては、お布施と違い、僧侶側から提示してくることもありえます。ただし基本的には僧侶との相談になります。戒名による値段の差ですが、心ある僧侶は戒名は平等と考えています。そこに段階があること自体がおかしいからです。しかし、実際のところお寺も維持費などでお金が必要になります。院号とは、生前に寺に多くの布施(貢献)をした方に与えられるものです。それは、寄付や労働やものかもしれません。それを「死後にお金で買う」というのが、現在の院号の価値となっています。

戒名に関しては師匠=菩提寺の僧侶に付けてもらうのが本筋です。もしどうしても自分で付けたいのであれば、生きているうちにその案を相談しておくことはできます。

戒名相場表

	信士 信女	居士 大姉	院信士 院信女	院居士 院大姉
浄土宗	30万円〜	50万円〜	70万円〜	100万円〜
浄土真宗 （法名という）	25万円〜	———	50万円〜	———
真言宗	30万円〜	60万円〜	80万円〜	100万円〜
曹洞宗	35万円〜	60万円〜	80万円〜	100万円〜
天台宗	30万円〜	60万円〜	100万円〜	100万円〜
日蓮宗 （法名ともいう）	30万円〜	50万円〜	80万円〜	100万円〜
臨済宗	35万円〜	60万円〜	80万円〜	100万円〜
	6文字（院号なし）		9文字〜	

（浄土真宗は文字数が違います）

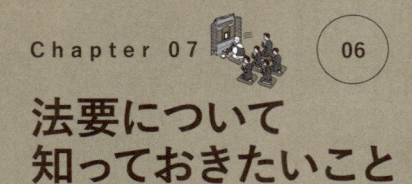

法要について
知っておきたいこと

法要と法事、違うもの?

法要 とは	僧侶による読経があり、故人を偲ぶものですが、来てくれた人のために故人が用意した場でもあるといえます。初七日（最近は式中に行うことが多いため省略されることもある）、四十九日、一周忌、三回忌と節目に行い、通常は三十三回忌まで行います。主に儀式のみを法要といいます。
法事 とは	上記の法要を行い、僧侶、参列客をもてなすための会食などを含めた行事のことを法事といいます。その食事のことをお斎（おとき）と呼びます。

何をするの?

「故人の冥福を祈り、また故人を偲び、
残ったものが今あることに感謝する」

喪服で参列が好ましいが、平服でも可
お布施や引き物は周りと相談して

遺族（施主）は、一周忌までは正式な喪服を着用しての参列が望ましいです。それ以降は地味な服装であれば問題ありません。僧侶へのお布施は数万円程度とされています。参列した方に、お菓子などの消え物を引き物として渡すのが一般的です。香典や供物料は周りと相談しましょう。

初七日	初七日は亡くなった日から数えて7日目に行う法要です。近年は告別式などの式中に読経とともにすませることがほとんどになっています。
四十九日	亡くなってから四十九日目に故人が旅立つとされています。忌明けの日でもあり、この日に納骨をすることが多いです。
祥月命日	「しょうつきめいにち」と読み、一周忌以降の亡くなった月日と同じ日のことです。1年後に行うものが一周忌といいます。亡くなった日と同じ日は月命日です。

　大切な人を亡くした悲しみを癒やすために法要はあり、故人が人と人をつなげてくれる場でもあります。初めてのお盆を新盆（初盆）といい、故人の霊が自宅に帰ってくるとされています。自宅とお墓を提灯で送り迎えする風習もあります。四十九日には、白木の位牌を本位牌にして祀ります。法要、位牌などに関しては宗派によって違うので、僧侶に相談しましょう。

年忌法要早わかり表

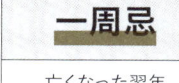
亡くなった翌年

三回忌
亡くなった年プラス2年

亡くなった年プラス6年

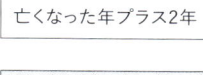
亡くなった年プラス12年

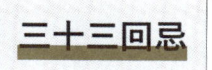
亡くなった年プラス32年

年忌法要はこのように行われます。三十三回忌は「弔い上げ」ともいわれ、いったんの区切りとなっています。

菩提寺がある人はお寺との関係に配慮する

↓

　先祖代々付き合いのある菩提寺があるのなら、DIY で葬儀をすましてからだと、やり直しになる可能性がある。先に僧侶に相談すべき。それでも DIY を選ぶなら、菩提寺と一生縁を切り、墓じまいをする覚悟を持つこと。その際は親戚などとの付き合いも考え直さなければならない。

葬儀に僧侶を呼ぶ場合、
お布施等の相場を念頭に置く

↓

　お布施は気持ちのものとはいっても本当に難しい問題。本書に載せた金額もあくまでも目安。檀家になっている人はそのお寺の格によっても違ってくる。納得のいかない金額でもお墓があり、付き合いを続けていくならお布施を渡さざるをえない。菩提寺の僧侶としっかり話し合い金額を決めること。

故人の冥福を祈る気持ちを忘れずに

↓

　本書の主な目的は DIY 葬儀であるが、単純にコストだけを考えているわけではない。ただし、非常識に高額なものを要求する僧侶や葬儀社に惑わされないために本書は目安となる金額を提示している。できることなら限られた費用の中で、故人が望んでいた葬儀を行ってほしい。

第8章 通夜·告別式

DIY葬儀では行いませんが
参列する機会、喪主になることもあります
そんなときのためのアドバイスです

DIY葬儀では省かれる
通夜・告別式について

その意味を再確認してみる

通夜

　もともと、通夜とは釈迦が入滅（亡くなったこと）したときに弟子たちが夜通し説法を話し合ったことからきています。それを受け、日本でも一晩中ろうそくを灯し、線香を絶やさずにご遺体に寄り添いました。しかし、式場が深夜の火気を禁止したり、親戚も早めに帰るという事情があり、半通夜と呼ばれる時間を区切った2時間ほどの通夜が一般的となっています。

告別式

　告別式は故人を送り出すための式で、通夜の翌日に行われます。本来の仏式葬儀式には、引導を渡すという意味しかありません。現在では、葬儀式＋お別れの儀式の意味で使われています。内容は、僧侶がお経を読み、遺族、参列者が焼香をして、喪主の挨拶があり、出棺するという流れになっています。

通夜・告別式での焼香マナー

焼香をする前にご遺族に一礼しましょう。焼香のやり方は宗派により違いますが、ほかの宗派の葬儀に参列したときも自身のやり方で問題はありません。イラストのように額の前に抹香を持ち上げ、香炉に落とします。回数は1回でも3回でもかまいません。その後、遺影に合掌します。ご遺族に一礼し、席に戻りましょう。

焼香

　焼香とは、仏や故人に対し、香を焚き合掌する行為です。心と身体のけがれを取り除くとされています。宗派により回数や線香の本数が違いますが、それほど気にすることはありません。

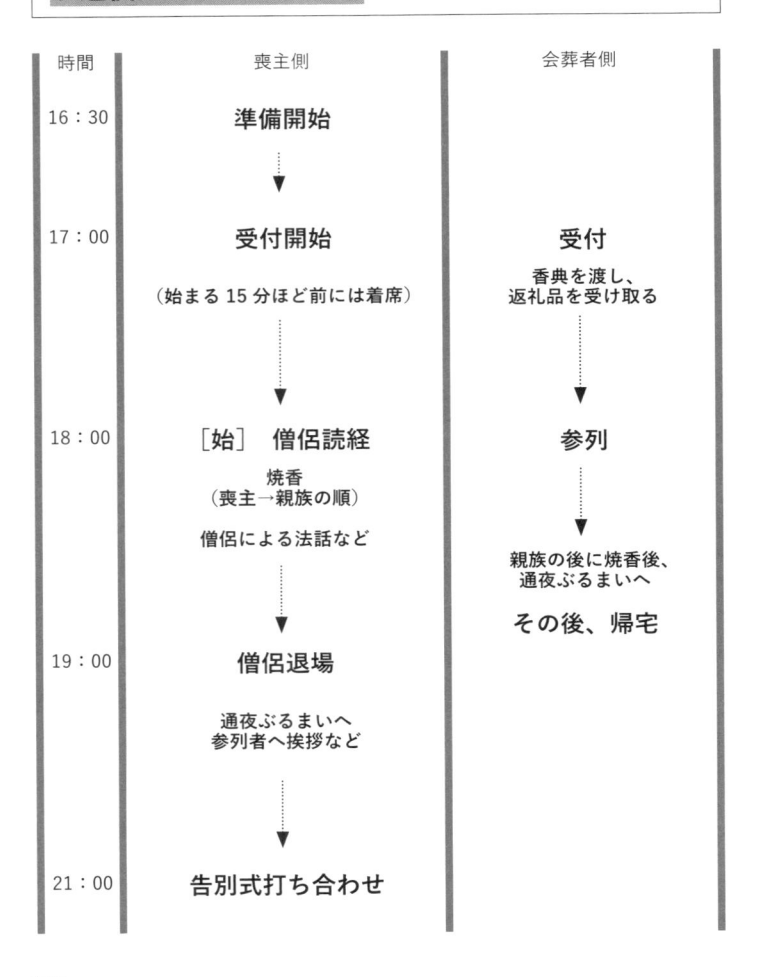

お通夜タイムスケジュール （18：00 開始の場合）

時間	喪主側	会葬者側
16：30	**準備開始**	
17：00	**受付開始** （始まる 15 分ほど前には着席）	**受付** 香典を渡し、 返礼品を受け取る
18：00	［始］ **僧侶読経** 焼香 （喪主→親族の順） 僧侶による法話など	**参列** 親族の後に焼香後、 通夜ぶるまいへ **その後、帰宅**
19：00	**僧侶退場** 通夜ぶるまいへ 参列者へ挨拶など	
21：00	**告別式打ち合わせ**	

告別式タイムスケジュール （10：00 開始の場合）

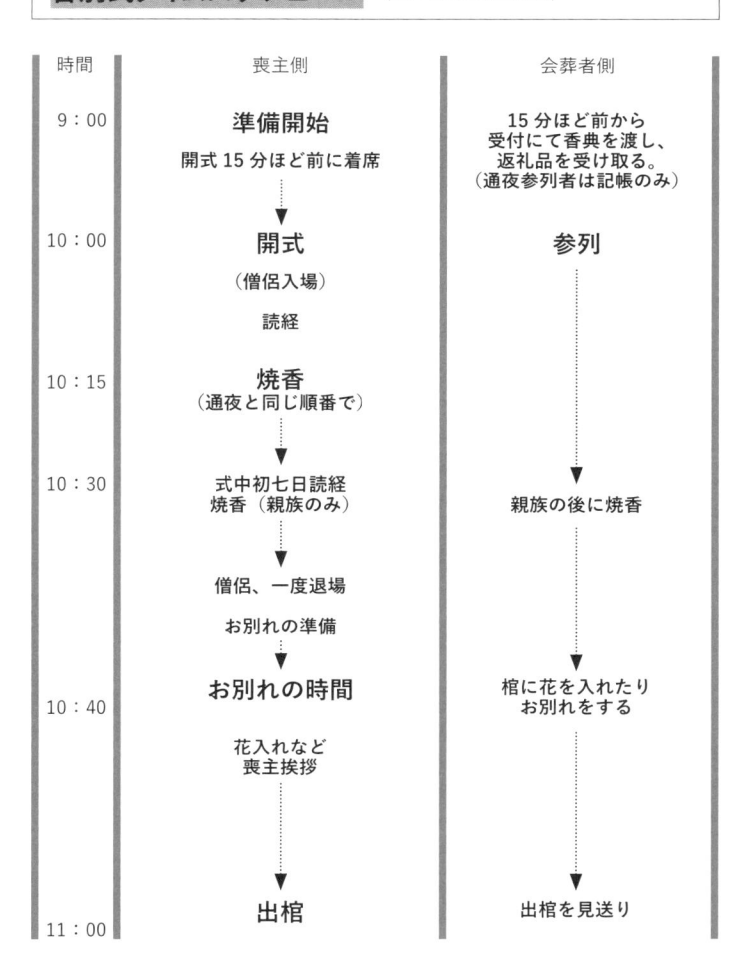

時間	喪主側	会葬者側
9：00	**準備開始** 開式15分ほど前に着席	15分ほど前から 受付にて香典を渡し、 返礼品を受け取る。 （通夜参列者は記帳のみ）
10：00	**開式** （僧侶入場） 読経	**参列**
10：15	**焼香** （通夜と同じ順番で）	
10：30	式中初七日読経 焼香（親族のみ） 僧侶、一度退場 お別れの準備	親族の後に焼香
10：40	**お別れの時間** 花入れなど 喪主挨拶	棺に花を入れたり お別れをする
11：00	**出棺**	出棺を見送り

葬儀前から忙しい喪主の役割

あなたが喪主になったとき、困らないために

喪主とは＝葬儀の主催者のこと

「施主」という言葉もありますが、これは費用を負担する人のこと。今は、喪主が費用を負担することが多いので、喪主＝施主ともいえます。

誰が務める＝故人に最も近い人

昨今、男女の別なく故人に最も近い人が務めています。

葬儀までの喪主

依頼する葬儀社の決定と打ち合わせ

<table>
<tr><td rowspan="2">予算面</td><td>

参列者の規模を把握する　重要

（P147 にも説明あり）

⬇

料理・返礼品なども正確に算出できる

葬儀を行う前に決めるべきことは、葬儀の形式と規模です。形式は説明してきたように DIY、直葬、一日葬、家族葬、一般葬があります。これが決まれば参列者などの人数が見えて、料理などの発注も進められます。
</td></tr>
</table>

僧侶を決定後、戒名を依頼

このときにお布施のことも話し合っておくとよい

菩提寺の僧侶、菩提寺がないなら信頼できる僧侶を決め、戒名も依頼します。その際、葬儀の日程やお布施も決めておくと、スムーズに進めることができます。

通夜・告別式までの具体的な役割	
遺影の準備	会葬礼状の確認
供花の数と配列の決定	通夜・告別式での席順決定
弔電の読み上げ順決定	受付など、お手伝いの人の確保

　葬儀社との打ち合わせがすめば、遺影を用意し、通夜で会葬者にお渡しする返礼品、会葬礼状の文面を決めます。供花は棺に近いほうが上位なので葬儀社に配列を指示します。通夜、告別式での席は祭壇に向かい右側に喪主、近親者、左に友人が座ります。当日の受付は近親者に頼むのが通例です。

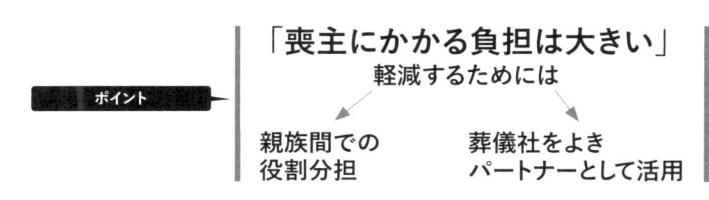

ポイント

「喪主にかかる負担は大きい」
軽減するためには

親族間での
役割分担

葬儀社をよき
パートナーとして活用

僧侶への接待とお布施を渡す
お清めの席で参列者への心配り
受付などのお手伝いの人へのお礼
告別式での出棺時に挨拶

四十九日法要・香典返しの発送の手配など

　喪主は通夜開始の１時間ほど前に僧侶を控室に通し、打ち合わせをします。お布施はこのときか、葬儀が終わったときに渡します。僧侶とは通夜・告別式の進行の確認をしましょう。通夜の受付は式の１時間前から始めます。通夜開始後、全員が着席してから、僧侶が入場し、読経の間に焼香をするという流れです。終わってからは喪主の挨拶、通夜ぶるまいへと続きます。告別式もほぼ同じように、着席、僧侶入場、読経（引導）、弔電、焼香、僧侶の退場、出棺時の喪主の挨拶があります。葬儀後は、四十九日法要、納骨、香典返しの手配と進めていきましょう。

喪主になったとき気をつける予算とお金の管理

喪主となったときの香典の管理

受付に（血筋の）身内をひとりは入れておく
お金を管理・保管する入れ物の用意

　通夜・告別式の参列客に対応し、香典の管理をするのが受付係です。この係にはお金の管理を任せるので、ひとりは親族から選びましょう。また、香典を盗まれたり、紛失することのないように蓋付きのしっかりとした入れ物を用意しましょう。

葬儀料金を変動させてしまう
通夜ぶるまい

参列者の人数を把握しておく
食事の大幅な不足は業者でも対応できない
通夜単価2,000円〜5,000円（一名あたり）を目安に

　通夜ぶるまいは 2,000 円〜 5,000 円ほどの料理が目安になります。事前におよその参列者数を把握しておきましょう。当日に数十人増えるとプロでも対応できません。また葬儀社のパック料金には料理代は含まれないので注意してください。近年は通夜ぶるまいではなく、親族だけの会食も行われています。

第8章・通夜・告別式

通夜・告別式、マナーと注意点

お酒が入る席でもあるので注意したいこと［参列者側］

ここだけは気をつけて！

飲みすぎ・ばか笑い・名刺交換・長居

　悲しいことですが、年齢をかさねるにつれて、通夜・告別式に参列することも増えてきます。そのときの注意点をまとめておきましょう。通夜ぶるまいには箸をつけるのがマナーですが、お酒類も出るので飲みすぎて、故人と関係ない話で笑ったり、名刺交換をしたりするのは絶対にいけません。長居をしない程度で、静かに立ち去るのがいいでしょう。葬儀の後の精進落しとは、本来は遺族のためのものですが、参列するなら同様の慎みあるふるまいが求められます。

火葬場への同行は、よほど親しい人だけ

告別式では

火葬場へ同行し、骨揚げ（拾骨）をできる人数はおおよそ 10 名〜 20 名ほどが通例です。告別式に参列し、ご遺族から火葬場への同行をお願いされたときに行くようにしましょう。火葬場へ同行した場合は、ご遺族から来てほしいと思われているので精進落しまで一緒にいても問題はありません。

香典の相場っていくら?

近隣の人、 会社の同僚など	3,000 円〜 5,000 円
遠縁、一般的な友人など	5,000 円〜 10,000 円
遠い親戚、親しい友人など	10,000 円〜

　葬儀に呼ばれたときに悩ましいのが香典です。上記を目安とし、付き合いの深さを考慮します。香典は故人の宗派に合った不祝儀袋に包み、ご霊前と書けばすべての宗教で失礼はありません。中包は表に金額、裏に住所氏名を記入します。仏式・神式では白無地包に白黒、双銀の結び切りの水引きのものを。

| 香典を受け取る | …▶ 香典返しが必要 |
| 香典を受け取らない | …▶ 訃報と受付で周知する |

葬儀を主催する側になった場合は、香典を受け取ったら香典返しをするのが最低限のマナーです。香典を受け取らないのであれば、その旨を訃報時と受付で参列者に知らせておきましょう。香典返しは四十九日が過ぎた忌明けに挨拶状とともに香典金額の半額ほどの品を送ります。

宗教別、祭壇について

どの祭壇も20万円くらいから

　自宅で DIY の葬儀を進める場合は必要ないですが、式場、斎場を借りて、通夜、告別式をするには祭壇が必要です。祭壇自体の歴史はそれほど古くなく、昭和初期ごろ葬儀社が葬儀を請け負うようになってから始まり、戦後に普及したそうです。後ほど説明しますが、宗教の宗派によって違い、近年は宗教色の薄い花祭壇が人気です。葬儀社に頼み、祭壇を用意する場合は平均 20 万円ほど。安くても 15 万円程度から、高い場合は 100 万円ほどの費用がかかります。祭壇を選ぶためには、まずは会場の広さを決め、葬儀に呼ぶ人数を考えましょう。大きさによって価格も変わってきます。

最近の傾向

宗教色を出す　＜　花祭壇などで
オリジナリティを演出

現在の主流、花祭壇

現在、多くの人に選ばれているのが花祭壇です。白木祭壇や仏式祭壇に多く花を
飾ったものも花祭壇と呼ばれています。生花を多く使い厳かな別れを演出します。
葬儀社によっては、少しの花しか用意しないところもあるので確認が必要です。

白木祭壇は6尺、8尺、12尺など横幅が決められています。同じく高さも4段、5段と変わり、大きくなるほど飾りも豪華になります。飾りは、四華花、行灯、杉盛（お菓子）などとなっています。

花を入れない神式祭壇

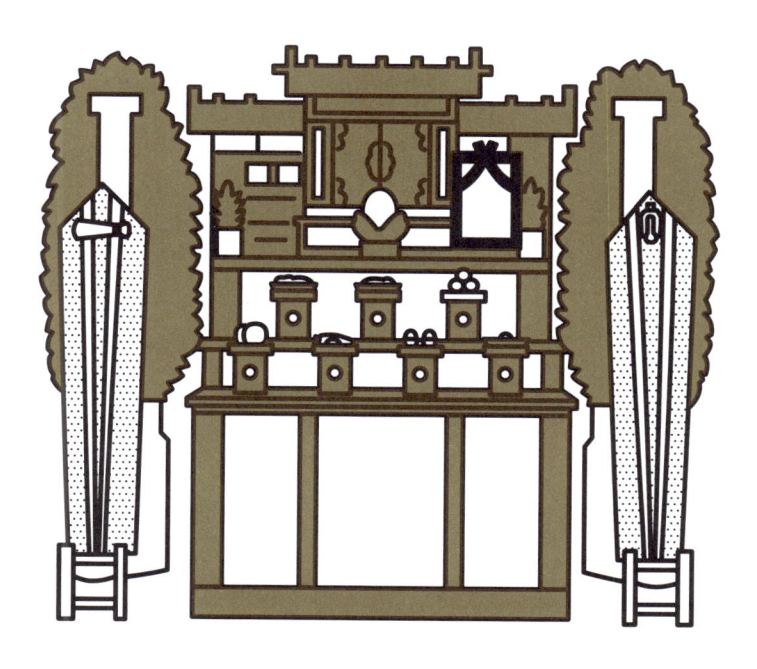

神道の場合は神式祭壇が使用されます。通常は榊（さかき）という常緑樹を飾ります。もともとはこの葉以外を飾るのは不可でしたが、近年は遺族が選んだ花を添えることもあります。米、塩、餅などを神饌として供えるのも特徴です。

近年は花も使える友人葬

創価学会は、友人葬と呼ばれる特殊な葬儀形式を持っています。僧侶を呼ばず、戒名もありません。祭壇には樒（しきみ）という邪気を払うとされるものを使います。近年、地区により白い生花で飾ったり、花を入れることも可能になりました。

十字架が目印のキリスト教祭壇

キリスト教でもカトリック、プロテスタントなどの宗派により差がありますが、基本的に白い生花などを使った祭壇を作り、十字架が置かれます。焼香の代わりに献花をします。

[通夜・告別式に参列するとき]

P148の注意点を忘れずに

通夜に参列するときは、正式な喪服でなくても構わないとされている。ただし、あまりに派手な服装は悪目立ちするので慎もう。通夜ぶるまいは、故人の供養のためでもある。形だけでも箸はつけること。しかしながら、通夜ぶるまいでも精進落しでも、お酒の飲みすぎは絶対に避けるべき。

[喪主になったとき]

ひとりですべてを抱えこまない

近親者を亡くすのは、何よりもつらい。涙が流れるだけでなく、ぶつけようのない怒りや寂しさも湧いてくる。そんなときに喪主は葬儀の打ち合わせや祭壇、供花の選択、参列客の相手などかなり忙しい。ほかの遺族や葬儀社の人に代わってもらい自分の体調を優先させるようにしたい。

香典の管理には細心の注意を払う

香典泥棒は喪服姿で参列客を装い現金を狙っている。大きな葬儀だと香典は数百万という大金にもなる。必ず中袋と現金を別にして、蓋付きのものに現金を保管し、すぐに銀行に預けられるようにしておきたい。また斎場で式を行うときは、自宅の戸締まりも忘れないことが重要。

DIY葬儀にハードルを覚える人のため
納得の葬儀社選びの方法
そっとお教えします

葬儀社の規模・形態による違いはあるのか

葬儀社の傾向から行うべき葬儀の形を知る

大手〜中規模葬儀社

- **名前を知っていることにより安心感を覚える**
- **備品・式場はキレイである**
- **社員の数が多いためか、伝達ミスもある** など

［**プロの意見**］終章では、葬儀社を利用する際のポイントをプロ目線で解説していきます。ほかにはない本音も盛りだくさんです。まず、テレビや雑誌などで目にする大手〜中規模の葬儀社です。全国規模で展開している大手葬儀社は、さすがに「ぼったくらないだろう」という信頼感がありますが、内情はひどいところも。式場、祭壇こそ、キレイですが、良心的な個人葬儀社の 1.5 倍以上費用を請求し、式の内容はほかと変わらない場合もあります。社員は多いのですが、電話受付、お通夜、告別式、搬送など担当が分かれていて、要望が伝言ゲームになり通りづらいということもよく聞きます。

> 個人葬儀社

・小回りがきき、地域の情報に詳しい
・少人数ゆえ自社都合で葬儀が進む など

［**プロの意見**］商店街や国道沿いなどにある地域密着型の葬儀社です。ピンからキリまであり、事務所を持たず電話一本で営業するような信頼性に欠ける葬儀社もあります。葬儀費用としては、一番安いですが、近所の人の口コミや自ら相談に行って事前にチェックしましょう。

> ネット系葬儀社

・スマホなどで簡単に見つけられる
・見た目の料金と請求額に差がある

［**プロの意見**］ここ10年ほどで急成長しました。実態は、葬儀社の紹介屋です。全国対応なのは自分たちでは葬儀をせず、紹介料を取り、下請けに投げているからです。追加料金無料と謳いながら、実際の費用が違ってくることも多いです。簡単に検索できますが、どんなレベルの葬儀社が来るかはわかりません。

終章

『そのとき』に直面する悩みや問題を解決しておきたい

葬儀について知らないことが多いのがすべてのネック

ケース1 病院付きの葬儀社を断れない……

病院付きになるにはコストが必要になるため、料金が割高になることが多い

⟶ 大手〜中規模葬儀社がその多くを占める

　近親者が突然病院で亡くなってしまった場合、数時間の間に搬送、葬儀の準備を求められます。焦ってしまい、病院付きの葬儀社を頼ってしまいそうになりますが、オススメはできません。病院付きの葬儀社は、病院になんらかのリベートを払っていることが多いです。この分が葬儀代に上乗せされます。大手、中規模の葬儀社が病院付き葬儀社となっていることが多いのも、葬儀代が高額になる理由のひとつです。病院によっては、「指定されている」と言い張りますが、それを断り、別の葬儀社にしてもまったく問題はありません。

※ DIY の場合も含め、事前に搬送手段を確保しておくと慌てることもありません。

> ケース 2 | ネット検索での手軽さとその現状

どこの葬儀社が来るかを
喪主側は知ることができない

➡ 見た目上の料金形態が安く作られている
　 葬儀はどうしても追加料金が発生するもの
　 ・参列者の人数によっても変動
　 ・亡くなった場所によっても金額は変わる

　一般ユーザーは、料金がホームページに掲載されていて、手軽なネット系が使いやすいと思ってしまっても仕方ありません。しかし、紹介業者が手がける葬儀なので、下請け葬儀社の質までは考慮していません。また、「追加料金不要」と謳っていますが、葬儀代には、僧侶へのお布施、通夜ぶるまいの料理代、長距離の搬送費、長期の安置費用、民営の高い斎場や火葬場の費用などは含まれていません。普通に葬儀をすれば、追加費用のどれかにはあてはまってしまいます。この問題は2017年に消費者庁からも措置命令が出されています。

> 『追加費用なし』　この言葉は疑うべき

個人葬儀社でもほとんどの葬儀は行える

➡️ 大手だと料金が高くなる傾向がある
知名度＝満足度というわけではない
顔が見える相手にこそ安心感はあるもの

「大きな葬儀は、大手葬儀社でしかできないのでは」「家族葬でも大手葬儀社だと豪華にしてくれそう」。そんな風に考える方も多いのではないでしょうか。しかし、それは間違いです。個人の葬儀社でも、大きな葬儀はできますし、豪華さを求めるならば、その要望に沿うこともできます。たしかに自前の式場を持つ大手葬儀社は大きな葬儀に有利ですが、その分値段が跳ね上がります。ただし、高額な費用を払ったからといって、葬儀に対する満足度が上がるわけではありません。本当に遺族のことを考えて、かゆいところに手が届くような配慮ができる葬儀社を見つけましょう。そのためには事前相談が一番の近道です。担当者の人柄や態度などを確認しましょう。

個人葬儀社……地域のたしかな情報を得られる
大手葬儀社……広い式場で盛大な葬儀

ケース **4** | **電話応対はよかったものの、
現場担当者に納得がいかなかった**

大手などは、それぞれ担当者が分かれている

➡️ 受付・打ち合わせ・現場など、人が多いのは
いいが伝達ミスも起こりやすい
ひとりですべてを仕切れる人材が乏しいのが実情

　葬儀社を選ぶ基準として受付の電話対応は重要です。対応が横柄ではいい葬儀はできません。ただし、大手、中規模の葬儀社では、受付専門の社員や外注を雇うので、受付の対応はよくなっており、判断は難しいところもあります。その点、個人でやっている葬儀社では、電話受付から、当日の対応までが少人数で行われます。人柄で選べば間違いは起こりません。大手葬儀社で繁忙期は月に 200 件、中規模でも 100 件程度は葬儀があるそうです。ひとりのお客を見れないのはこのような理由もあります。

葬儀のハイシーズンでもある12月〜4月の間に
大手葬儀社の受注件数……約200件／月
中規模葬儀社の受注件数……約100件弱／月
これだけの件数が行われることもあるという

終章

ネットで集客をして提携葬儀社へ
割り振っているところも多い

➡️ 日本全国対応と謳っているところはネット系がほとんど
担当葬儀社によって差が大きいこともある
人生最期のときのこと、相手の顔を見て決めるべきでは?

ネット系の葬儀社の見分け方は「全国対応」かどうかです。実店舗のある最大規模の葬儀社でも、全国に 10 カ所程度の支店しかありません。それでも、ネット系は仲介料手数料を取って、下請けの葬儀社を使い「全国対応」「追加料金不要」などと宣伝しています。ネット系葬儀社に頼んだはずなのに別名の葬儀社が来て、ひどい対応をされたというクレームも多くあります。ほとんどのネット系は仲介のみです。大事な葬儀だからこそ納得できる葬儀社に任せたいものです。

> ### ネット上には『紹介』だけするところが葬儀社の体を装って存在していることもある
> ※紹介業者は葬儀費用の30%強を取る場合も

ケース6 | 費用に関して不透明なことが多い

誰もが葬儀に対して不慣れなため、最も多いトラブル

→ 後から追加される費用がかなりある
「みなさま、こうしていますよ」の言葉に従ってしまう
式場は無料でも控室などの料金が計上されてくる

　葬儀社の提示する葬儀費用には、食事代、式場の使用料、お布施、火葬料や火葬場の休憩室、返礼品、そのほかのオプション料金は含まれていません。また、一般の方は初めての葬儀のオプションにどれだけのお金がかかるか知りません。例えば、大手葬儀社が、自社の式場料金を無料にしつつも、親族控室料金で10万円を加算してきたり、1日10キロのドライアイス代の平均価格1万円を5万円と請求してきたりということが起こっています。しかも、悪徳な業者は「みなさまこれを選ばれます」と誘導したり、わざと松竹梅と3種の料金設定をして、真ん中の竹を客に選ばせたりします。それを防ぐためには葬儀料金の相場を知り、内訳をしっかりと確認することです。基本的に大手葬儀社は個人葬儀社の1.5倍〜2倍の金額です。これは人件費や広告料を利用者負担にしているからです。組合への加盟も基準にはなりません。結局は、事前相談をして、相見積もりを取り、信頼できる葬儀社を決めておくことが有効です。

終章

→ 積立金が葬儀の一部にはなるものの……
　積立金だけで葬儀をすべて行えるわけではない
　解約の場合、手数料が発生する
　先方が決めた葬儀プランの中からしか選べない
　脱会者が増えているという傾向がある

　互助会とは、冠婚葬祭などを目的として加入者を集め、毎月掛け金を払い込む営利事業です。掛け金は月に数千円で、数年以上払い続け、積立金額は20万円から50万円ほどが一般的です。その金額があるから葬儀が安くなるというセールストークをしていますが、実際の葬儀では追加料金を取られることが多発し、問題となっています。例えば、設定されている互助会の葬儀プランは、60万〜200万円ほどと高く、積立金を払っても追加料金が必要になります。解約しようとしても、解約手数料が異常に高く設定されており、泣き寝入りをしなければならないこともあります。ここ5年ほどは裁判になり、解約手数料を下げているところもあるので、入会済みの方は確認しておきましょう。また、JA（農協）やコープ（生協）の葬儀は互助会に比べ、自社でするものは、かなりまともです。ただし、こちらも提携先（下請け）に丸投げの葬儀もあるので確認が必要です。

ケース **8** ┃ **市民葬・区民葬などがあるが、安く葬儀を行えるのか？**

➤ 亡くなった人、近親者が市民・区民である必要がある

祭壇・火葬料・骨壺・霊柩車のみのセット料金になっているのがほとんど

自治体指定の葬儀社の利用に限られている

　自治体が用意する市民葬・区民葬などはランク分けされており、最も安価なものは葬儀費用が約15万円以内に設定されています。その内実は、自治体に登録した葬儀社が回されてくるものです。利用者は登録した葬儀社の中から選ぶことになります。市民葬のパックの内容を見ても、一般的葬儀で最低限必要なものになっていて、遺影や式場使用料、会葬礼状代などは含まれていません。市民葬で高級な30万円の葬儀が、一般の30万円の葬儀内容よりクオリティーが高くなることはないといえます。「絶対に葬儀費用をかけたくない」というお客さんに葬儀社が市民葬をすすめることはまれにあります。どうしてもというときにはいいのかもしれません。

**葬儀にまつわるすべてが
含まれているわけではない**

終章

『そのとき』に後悔しないため

何よりも大切な事前相談のこと

葬儀社に出向く、その前に!!

① 経験者に聞いてみる

……最初にすべきことは情報収集

葬儀を経験している親族や友人などに、葬儀社の名前、予算、参列者の人数、料理代などを聞いてみましょう。それをすることにより、自分が亡くなったとき、喪主のときの葬儀規模を予想できます。

② どんなお見送りをしたい?

……イメージを具体的に描いてみる

「故人は音楽が好きだったから、無宗教の音楽葬にしたい」「私が好きなバラは葬儀に不向きだろうか?」など具体的な葬儀につながるキッカケがあれば全体のイメージがわかります。もちろん DIY 葬儀でも同じです。

③ 何人くらいの会葬者?

……予算規模はほぼ会葬者の数で決まる

参列する人が本当に数名の近親者のみか、友人を含めて大人数になるのかを思い浮かべましょう。会葬者の数が見えれば、式場、自宅などの場所や通夜の料理金額も決めることができます。

事前相談4つのメリット

葬儀を行う不安の解消（精神面）

自分の葬儀や自分の親の葬儀は、本来は想像したくないことかもしれません。ただし、どんな人にも平等に「そのとき」はやってきます。事前相談をすれば予算、内容が見え、精神的にも充足が得られます。最近は「終活」「遺言」などで財産分与を決めたり、「エンディングノート」で葬儀内容を伝える方もいます。お墓の問題も家族と話し合っておくほうがベターです。

費用面について把握できる

自身の生命保険額、貯金額など死後、遺族に残されるお金はある程度の目星がつくはずです。そこで事前相談を行うことにより、葬儀費用が明確になれば、お金の問題はほぼ解決し、安心感を得ることができます。

『そのとき』に慌てない心構えを持てる

事前に葬儀社を決めておくと、自身や親族に何かあったとき、慌てずに対応できます。そうすれば、病院に出入りする葬儀社やとてつもない値段をふっかけてくる悪徳な葬儀社を排除することもできます。「そのとき」は必ずやってくるので、事前相談はある意味保険のようなものといえます。

故人も喪主側も納得のいく葬儀の実現

事前相談をしておけば、自分自身も残された遺族も納得の葬儀を行えます。豪華な葬儀も、自分らしく手を加えた葬儀も、もちろん本書の目的である DIY 葬儀も思いのままです。人生に一度きりしか行えない葬儀を葬儀社のいいなりになるのではなく自分の手で作るのが一番いい終わり方ではないでしょうか。

終章

どのような葬儀社を選ぶべきなのか

安心できるのはこんな葬儀社

大事な人を見送るための心情を教えてくれる

電話を受けた人が現場でも担当になってくれる

料金形態を的確に説明できる

まとめにかえて

　葬儀業界で働く人の中では「9割の葬儀社がぼったくり」との声もあります。そんな中で、本当に良い葬儀社やDIY葬儀に協力的な葬儀社はどう選べばいいのでしょう。本書を読み通しても「大手ならば安心」「病院が紹介してくれる葬儀社は良さそう」「ネット系が気楽」というなら仕方ありません。

普段から近くの葬儀社を よく見ておくことも大切

見た目の判断も重要なもの

　DIY の場合でも、良い葬儀社探しの難易度は高くなります。葬儀社からすれば、手間ばかりで実入りが少ないと判断されることもあるでしょう。どちらにしても、対応策としては、事前相談と複数の会社の相見積もりが必須です。結局は、看板ではなく、葬儀を実際に担当してくれる人を見るしかないのです。それは電話、事前相談時の対応、服装やオフィスの清潔感などで判断するしかありません。

　事前相談で「どのような葬儀をしたいと考えていますか」と質問してくる葬儀社は良い葬儀社の可能性が高いです。反対にお仕着せの葬儀を進めようとするのは、オススメできる葬儀社ではありません。見積もりを取ったら、料金に不透明なところがないか、なぜこの値段になるのかなどを質問してみてください。的確に説明できて、親身さが伝わるようなら信頼もできます。利用者としては最初に上限金額を定め、先方の提示するプラン料金以外は払わない決心が必要です。人を見極め、心から納得できる葬儀を取り仕切ってください。

葬儀社に対しての心構え

葬儀プランには自分の望むものだけ盛り込む
プラン料金以外は払わない決心
葬儀社の『人』を見極める

エンディングメッセージ

　私が父の葬儀の喪主を務めたのは2年前でした。葬儀の知識は一切なく、ネット系の葬儀社にひっかかり、勧められるがままに祭壇を花で飾り、僧侶を呼びました。ただし、通夜ぶるまいの席では父の好きだった老舗うどん店の弁当を持参し、精進落しもふぐ料理を自ら手配。僧侶にも戒名料、お布施込みで交渉しました。DIYではありませんが、喪主を務めた経験と僧侶との交渉の機会はとても貴重なものでした。

「あのときこんな本があったら、どれだけ楽だっただろう」

　そんな思いで、具体的に必要な知識、道具、行動、金額を入れ込み本書の制作に臨みました。

　少子高齢化社会の次は多死社会が訪れると予測されています。きっと葬儀や火葬は、多くの人数をこなすために簡略化され、システマティックになっていくでしょう。本書の示すDIY葬儀や直葬も劇的に増大するはずです。

　同時に、故人への心づくしの葬儀も増えるかもしれません。これは実例ですが、ワインが好きだった故人のために、

自宅で知り合いだけを集めたパーティを開く。そこには祭壇はなく、僧侶もいません。ワインパーティが告別式です。そこには、故人に対する深い愛があります。今では禁忌事項ですが、カメラマンを用意し葬儀の模様を撮影したり、参列客を和ませるための有名司会者が用意されたりというエンターテインメント化も考えられます。

　できることなら、故人も残された遺族も、賢くお金を使い、満足できる葬儀を行いたいものです。本書がその道しるべとなることを祈ります。父の葬儀では、私は少しだけ後悔をしました。ただ、今ではその後悔がこの本を書かせてくれたのだと感謝しています。

　最後に本書を担当してくれた K さん、取材を快く受けてくれた愛花想の石田素夫さん、セルディの戸張真紀さん、僧侶の R さん、イラストレーター平松慶さん、デザイナー大橋義一さんに心からの謝意を申し上げます。では、みなさん、いいお見送りを。

著者より

参考文献

『納得いくお葬式は 20 万円からできる』牧野 恭仁雄（主婦の友社）

『お葬式もお墓もなしで人生を満足に締めくくる方法』（主婦の友社）

『葬式は、要らない』島田 裕巳（幻冬舎新書）

『葬儀社だから言えるお葬式の話』川上 知紀（日経プレミアシリーズ）

『突然の葬儀マニュアル』（つちや書店）

『冠婚葬祭 しきたりとマナー事典』岩下 宣子監修（主婦の友社）

『無葬社会』鵜飼秀徳（日経 BP 社）

小さなお葬式のコラム　https://www.osohshiki.jp/column/

終活ネット　https://syukatsulabo.jp/

厚生労働省　統計情報・白書　https://www.mhlw.go.jp/toukei_hakusho/

鎌倉新書　https://www.kamakura-net.co.jp/

特定非営利活動法人日本環境斎苑協会　http://www.j-sec.jp/

松本祐貴（まつもと・ゆうき）

松本祐貴（まつもと・ゆうき）1977 年、大阪府生まれ。フリー編集者＆ライター。
雑誌記者、出版社勤務を経て、雑誌、ムックなどに寄稿する。テーマは旅、サ
ブカル、趣味系が多い。著書『泥酔夫婦世界一周』（オークラ出版）。
ブログ「世界一周～ 旅の柄 ～」 http://tabinogara.blogspot.jp/

※本書に掲載している情報等は 2019 年 7 月末現在のものです。

遺体搬送から遺骨の供養まで
DIY葬儀ハンドブック

2019年10月19日 第1刷発行

著　者　　松本祐貴

発行者　　井上弘治

発行所　　**駒草出版** 株式会社ダンク出版事業部

　　　　　〒110-0016　東京都台東区台東1-7-1 邦洋秋葉原ビル2階

　　　　　TEL：03-3834-9087

　　　　　URL：https://www.komakusa-pub.jp/

印刷・製本　中央精版印刷株式会社

イラスト　平松慶

装丁　　大橋義一（Gad,Inc.）

協力　　株式会社 愛花想 代表取締役 石田素夫、株式会社セルディ 代表取締役 戸張真紀、
イクオリティ株式会社、野本大輔、K